関東学院大学大学院 法学研究科からの発信

今、私たちに差し迫る問題を考える

本田 直志・田中 綾一 編著

関東学院大学出版会

まえがき

　本書は、関東学院大学社会連携センター2014年度秋学期公開講座の内容がもとになっている。この公開講座は、2014年10月から12月にかけて、5回にわたり、「今、私たちに差し迫る問題―大学院法学研究科が専門領域の視点から考えます」を共通のテーマに、国際政治、国際経済、社会保障法、地方自治政策、国際経済法をそれぞれ研究領域とする法学研究科の教員が講義し、参加者とディスカッションを行う、という形で行われた。

　第1回は、出石稔 教授が「地方教育行政『教育委員会制度の課題と展望』」というテーマで、教育委員会制度の成り立ちから現在に至る経緯、新制度の展望を考えた。第2回は、大原利夫 教授が「社会保障法『高齢化する日本と社会保障』」と題して、高齢化が進む日本における社会保障の現代的課題について検討を行った。第3回は、高瀬幹雄 教授が「国際政治『ウクライナ問題とEU』」と題して、国家・地域を超え国際秩序に係わる紛争をEUの視点から考えた。第4回は、田中綾一 教授が「国際経済『減少する日本の経常黒字』」について、日本の国際収支構造の変化を解説した。最後に、私が「国際経済法『TPPの意義と日本への影響』」について、貿易の自由化とTPP（環太平洋経済連携協定）の意味を検討した。

　いずれの回においても、講師と参加者との間で、活発に質疑応答や意見交換が行われ、予定時間を越えて盛り上がりをみせた。

それぞれの問題について、参加者の関心の深さを伺うことができ、この講座の当初の目的をある程度達成できたのではないかと感じている。本書は、これら5回にわたる講義について、各回の担当者が、講義の内容をもとに執筆したものを収録している。

今日、日本国内では、これまでに経験したことがないようなスピードで少子高齢化が進行し、さまざまな分野に影響が広がっている。地域文化の継承の困難性、社会保障負担の増大、経済規模の縮小、労働力人口の減少、核家族化や家族形態の変容、地域コミュニティの弱体化、社会保障費増大等による生活水準維持の困難、過疎化の進行など、少子化の影響は、ありとあらゆる分野に及び、しかもそれらの問題は相互に重層的に絡み合い、複合化している。

他方で、ここ30年あまりの、科学技術や通信技術、運輸技術の飛躍的な進歩によって、世界は急速にグローバル化し、われわれの生活環境も一変した。こうしたグローバル化の現象は、経済、軍事、法、政治、環境、文化、社会のあらゆる局面で進展し、とりわけ、経済や金融、貿易という領域でのグローバル化は、その拡大と深化において、とりわけ著しいものとなっている。このように深化するグローバル化の世界的拡大が、各分野での諸問題を重層的かつ複合的に関係づけ、いっそう複雑化している。

このような諸問題の重層的かつ複合的な絡み合いは、問題の解決をいっそう複雑かつ困難なものにするが、他方で、一つの問題の解決が、他の問題の解決を促していく、ともいえる。それゆえ

に、広い視野をもって社会、経済、政治、文化等を俯瞰し、問題の解明や分析を図っていく必要があろう。特定の分野に深く精通したスペシャリストの知見や主張をつなぐ総合的な視野や総合的な政策が、今後いっそう重んじられるべきである。

　大学院法学研究科運営委員会では、上述のような趣旨から、公開講座において、「私たちに差し迫る諸問題」という大きなテーマを設定し、さらに、公開講座の内容を冊子にまとめ、出版することとした。本書は、単なるニュース解説ではなく、地方自治、社会保障、国際政治、国際経済における重要な課題に対し、法学研究科教員が、専門性と概説的要素を併せ持った知見や考察をまとめたものであり、広く社会、とりわけ社会人経験を積んだ人々に提供したいとの想いから、人々の問題意識と知的好奇心を満たすような書物として執筆されている。願わくば、「私たちに差し迫る問題」について、本書が読者の意見形成や判断の一助になって欲しいものと思っている。現在、今回の講座・刊行に続くシリーズ2を企画中であり、今回取り上げられなかった問題について取り上げる予定である。ご期待いただきたい。

　最後に、本書の出版に際して、関東学院大学法学研究所および関東学院大学出版会の出版助成を受けることができた。その際、関東学院大学法学研究所所長の宮本弘典教授をはじめ、同研究所運営委員会の諸先生のご理解と、出版会の四本陽一氏による迅速かつ適切な対応をいただいた。今日の出版事情を考えると、それらがなければ、おそらく刊行には至らなかったであろう。ご尽力頂いた諸氏に深く感謝している。また、刊行に関する諸事務を引

き受けてくださった学部庶務課（法学部）の大西晶子氏、山口恵美氏をはじめとする課員の皆様に感謝するとともに、法学研究科にこのような講座開催の機会を与えて頂いた関東学院大学社会連携センターの諸氏に御礼を申し上げる。

　また、法学研究科運営委員として編集刊行作業を一手に引き受けていただいた法学研究科 藤田潤一郎教授にも改めて感謝の意を表する。

　本書の刊行に関わったすべての方々に、そして、本書を手にとっていただいた方々に、執筆者を代表して、感謝を申し上げたい。

　2015年9月

関東学院大学大学院 法学研究科

委員長　本田　直志

目　　次

まえがき ……………………………………………………（本田直志）　i

第 1 部　日本国内の視点から ……………………………………　1

第 1 章　自治体における教育行政の課題と展望
　　　　　―教育委員会制度の改革を中心に― …………（出石　稔）　3

　日本の教育行政 ………………………………………………………　3
　教育委員会による自治体教育行政 …………………………………　8
　新教育委員会制度 …………………………………………………… 17
　新教育委員会にみる教育行政の課題と展望 ……………………… 29

第 2 章　高齢化する日本と社会保障 ……………（大原利夫）41

　は じ め に …………………………………………………………… 41
　高齢化の現状 ………………………………………………………… 42
　日本の高齢化の特徴 ………………………………………………… 47
　高齢化の要因 ………………………………………………………… 50
　少子化の現状 ………………………………………………………… 52
　高齢社会の将来像 …………………………………………………… 57
　ウィルキンソンの平等社会論 ……………………………………… 62
　高齢化と社会保障財政 ……………………………………………… 70
　高齢化への対策 ……………………………………………………… 79
　お わ り に …………………………………………………………… 81

第2部 世界の視点から ……………………………… 87

第3章 ウクライナ問題とEU
―ベルリンの壁崩壊から四分の半世紀、
今、何が問われているか― ……………（高瀬幹雄） 89

は じ め に ……………………………………………… 89
ウクライナ危機の展開 ………………………………… 90
危機以前のEU-ウクライナ関係 ……………………… 99
危 機 の 背 景 …………………………………………… 106
ウクライナの危機に対する国際機関とEUの組織的対応 …… 115
危機の意味と今後の課題 ……………………………… 122

第4章 縮小する経常黒字と国際収支構造の変容
―2014年の国際収支とその分析方法について
考える― ……………………………………（田中綾一）129

は じ め に ……………………………………………… 129
経常収支と貿易収支の動向 …………………………… 131
2014年の通貨別国際収支と為替需給 ………………… 150
お わ り に ……………………………………………… 166

第5章 TPPの意義とわが国への影響 ……………（本田直志）169

は じ め に ……………………………………………… 169
TPPの内容と特徴 ……………………………………… 173
WTOとTPP ……………………………………………… 184
結びにかえて …………………………………………… 199

第1部　日本国内の視点から

第1章　自治体における教育行政の課題と展望
―教育委員会制度の改革を中心に―

日本の教育行政

　日本の教育行政が転換期を迎えている。学習指導要領の度重なる改訂は、ゆとり教育の導入から一変し脱ゆとり教育へと転じるなど[1]、教育の機軸が定まらない。子どもの学力低下への対策として2007年から全国学力・学習状況調査が実施され、グローバル化の進展に伴う国際競争力を高めるための小学校からの英語教育の導入や、一貫した教育システムとして、公立学校の中高一貫校化[2]、さらには小中一貫教育[3]の取り組みなど、様々な教育制度改革が進められている。他方で、いじめ問題をはじめとして学校現場で生起する課題も少なくない。

　本章では、多くの課題を抱える教育行政について、とりわけ、自治体における学校教育の中心を担う教育委員会に着目し、その役割や変遷、課題等を整理する。その上に立って、2015年度に大きく改革された新教育委員会制度について展望する。

　なお、教育行政は、国家の教育目的を達成するために必要な諸条件を整備するための行政作用と定義することができ、主に学校教育行政と社会教育行政に区分される[4]。学校教育においては、国立大学や私立学校のように国（国立大学法人）や民間（学校法

人）もその一端を担っているが、本章では、児童および生徒への学校教育、市民一般への社会教育・生涯学習教育の主な担い手である自治体における教育行政を中心に展開する。

(1) 教育行政の仕組み

(i) 教育行政の内容

　自治体における教育行政は、①公立学校教育、②私立学校振興、③生涯学習振興、④文化スポーツ振興に区分することができる[5]。前2者は学校教育、後2者は社会教育の範疇に分類される。

　そして、教育行政は、教育にかかわる執行機関である教育委員会の事務として担われる分野と、知事や市町村長の事務として首長部局によって担われる分野とに分けることができる。学校教育においては、教育委員会が①の公立学校教育を担当し、首長部局が②の私立学校振興を担当している。また社会教育については、③の生涯学習振興、④の文化スポーツ振興ともに、教育委員会、首長部局双方が担当できることから、自治体によって対応が異なる[6]。

　自治体で仕事をする職員は、教育委員会、首長部局にかかわらず、職員採用試験で一括任用された一般職の地方公務員であり、人事異動により首長部局と教育委員会事務局などを行き来している。したがって、職員の中では教育行政について部局による垣根は低いと思われる。ただし、教育委員会には指導主事が置かれており、教員が任命される。この教育委員会事務局の仕組みが課題のひとつといえるが、この点は後述する。

(ii) 教育行政における国と自治体の役割分担

　自治体における教育行政といえども、自治体のみで自己完結しているわけではなく、国も一定の役割を担っている。また、例えば市町村立学校の運営であっても、当該市町村を包括する都道府県の役割も存する。

　地方自治法では、国と自治体、都道府県と市町村の役割分担の原則を明定している。国は外交、安全保障など国家存立にかかわる事務、全国統一事務、全国的規模・視点に立つ施策や事業など、国が本来果たすべき役割を重点的に担い、住民に身近な行政を自治体が担うこととしている（1条の2）。また、広域にわたる事務、市町村の連絡調整事務などについては都道府県が担当し（2条5項）、都道府県が担当する以外の地域における事務を市町村が担当する（2条3項）こととしている。

　さらに、教育行政の根幹となる教育基本法[7]では、「教育行政は、国と地方公共団体との適切な役割分担及び相互の協力の下、公正かつ適正に行われなければならい」（16条1項）と定めている。これを受け、国と自治体との役割分担として、国は全国的な教育の機会均等と教育水準の維持向上を、自治体はその地域における教育の振興を図るため、教育に関する施策を策定・実施しなければならいこととしている（同条2・3項）。加えて、国と自治体に対して、教育が円滑かつ継続的に実施されるよう、必要な財政上の措置を講じるよう求めている（同条4項）。

　つまり、教育行政は、国と自治体がその役割分担と協力のもと、①他者の教育活動に対して規制や制限を加える「規制作用」、②他者の教育活動に対して指導や助言、援助を与える「助成作

用」、③国・自治体自らが活動する「実施作用」が基本的な機能となっている[8]。

こうした法的に整理された教育行政の役割分担原則の下、実際の教育にかかわる事務は次のように整理されている。

まず国は、次の4つの事務を中心に担う。

① 学校教育法の制定など、基本的な教育制度の設定
② 学習指導要領・教員免許基準・学級編成・教職員定数標準の設定など、全国的な教育の基準の設定
③ 教職員の給与費・私学助成など、自治体における教育条件整備の支援
④ 教育内容等に対する指導助言・教職員研修の支援など、教育事業のための支援

次に広域自治体である都道府県は、次の2つの事務を担う。

① 高等学校設置運営・小中学校教職員の給与費の負担など、広域的処理が必要な教育事業の実施
② 教育内容等に対する指導助言など、市町村の教育事業のための支援

そして基礎自治体である市町村は、次の2つの事務を中心に担う。

① 学校・図書館・博物館・公民館・体育館などの教育施設の設置・運営
② 社会教育関連各種講座開催・文化スポーツ事業等実施など、教育事業の実施

これらの役割分担や、教育行政の具体的な仕組み、所掌事務等は、地方教育行政の組織および運営に関する法律(以下「地教行

法」という)に定められ、国と自治体が連携して教育行政を展開し、人格の形成、健康な国民(住民)の育成を図っているのである。

ただし、自治体の教育行政の現場は、地教行法に基づく文部科学省(旧文部省)、都道府県教育委員会、市町村教育委員会の指揮命令系統が隅々まで行き届いていた。この事務権限による統制とともに、前述の教育の助成作用に当たる義務教育費・教員給与などにかかわる負担金や教育施設の整備などへの補助金といった国が支弁する各種補助負担金による統制[9]も国と自治体を上下・主従関係に置く元凶となり、文科省を頂点とする縦の支配関係が長らく続いていたのである[10]。

(2) 地方分権改革の影響

2000年の第1次地方分権改革[11]により、地教行法が改正され、教育行政において前述の国支配の打破が図られた。自治体がその役割を十全に果たすために、教育委員会の権限を強化し、地域ニーズに即した教育を行えるようにするとともに、学校単位の自主性・自律性を高める対応を行ったものである。具体的には次のような改革が実現した。

① 機関委任事務の自治事務化(就学校の指定・学級編制の基準の設定・許可等)
② 文科相(文相)の教育委員会に対する指揮監督権(地教行法55条)の廃止
③ 都道府県教育委員会の県域にわたる基準設定等の役割廃止
④ 教育長の任命について、国等の事前承認制の廃止

⑤ 学校の自主性・自律性の拡大(学校管理規則の見直し、教育委員会の許可等の縮減)

⑥ 住民の意向の学校運営への反映(学校評議員制導入)

しかしながら、財政面の改革は不十分と言わざるを得なかった。2004年から2006年にかけて地方税財源の三位一体の改革が行われた。これはお金(財源)の分権ともいうべき取り組みであったが、不十分な結果となった[12]。

教育行政では、とりわけ、自治体が求めていた義務教育費国庫負担制度の見直しにおいて、教職員給与費等の国の負担を2分の1から3分の1に引き下げるかたちで決着したが、国の財政負担が軽減される一方、負担金にかかわる国の関与は継続され、自治体の教育行政は、他の行政分野に比しても強い中央統制が続いたのである。これは、教育委員会の無責任体制を招いた要因の1つともいえる。財政面の分権化がなされなければ、教育行政の自治・自律は困難と思われる[13]。

教育委員会による自治体教育行政

ここからは、公立学校教育に絞り論じる。主な論点は、自治体における学校教育を中心的に担う教育委員会が国(文科省)の下部機関として機能し全国一律の教育を機械的に提供してきたことが、無責任体質につながり、足元の課題がなおざりにされてきたことにある。

以下に教育委員会制度を確認する。

(1) 教育委員会の概要

(i) 教育委員会とは

　教育委員会とは、地域の学校教育・社会教育・文化・スポーツ等に関する事務を担当するため、地教行法に基づき都道府県と市町村に設置された行政委員会であり、自治体の執行機関に位置付けられる[14]。したがって、教育委員会の権限に属する事務については、首長の権限が直接には及ばない。この執行機関独立の原則により、教育委員会が時の政治に左右されず中立性を確保した教育行政に寄与しているといえる反面、教育委員会はその自治体から切り離された存在として国（文科省）や都道府県（教育委員会）との縦の教育行政が形成される原因ともなったと考えられる。

(ii) 教育委員会制度の目的

　教育委員会制度の目的は、次の3点に示すことができる。
　① 特定の政党や個人から独立させることによって、政治的な干渉を受けることなく、教育の中立性・公正性を確保すること。
　② 首長への権力集中を防止し、複数の委員による合議制によって慎重な意思決定をすること。
　③ 専門家の判断に偏らず、一般人たる住民の意思を反映させやすくすること[15]。

(iii) 教育委員会の組織

　教育委員会の組織については、地教行法に定めがある（図1.1

参照)。

　委員数は通常5名だが、条例による増減が可能となっている（3条）。神奈川県や横浜市の教育委員は6名となっているなど、都道府県や政令指定都市などでは定員を増やしている自治体が相当数ある。

　委員は、人格が高潔で、教育、学術及び文化に関し識見を有する者のうちから、首長が議会の同意を得て任命する（4条）。首長は、委員の任命に当たって、委員の年齢、性別、職業等に著しい偏りが生じないように配慮するとともに、委員のうちに保護者である者が含まれるようにしなければならないとされており（同条4項）、レイマンコントロールが機能するように選任されることとなる[16]。

　委員の構成をみると、2013年度の実績では「無職」が一番多く、その次に「医師・教員等の専門的・技術的職業従事者」、「会社役員等の管理的職業従事者」の順となっている。また、65歳以上が約4割を占め、教職経験者は約3割となっている[17]。

　委員の任期は4年で再任が認められる（5条）。そして、委員長は互選により選出され、委員会を代表する（12条）。

　また、教育委員会には、前述の委員長とは別に教育長が置かれる。教育長は、委員長以外の委員から委員会が任命し（16条）、教育委員会の指揮監督下で教育委員会の権限に属するすべての事務処理をする（17条）。この点が一般的に理解しづらい部分であり、教育委員会には対外的な代表となる委員長と一切の事務処理権限を有する事務局の長たる委員の教育長が並存するのである。

　教育委員会には事務局が置かれ、教育長の指揮監督の下、事務

処理を行う(18条1項)。その事務局の組織については、教育委員会規則で定めることとされている(同条2項)。

図 1.1 **教育委員会制度の仕組み**

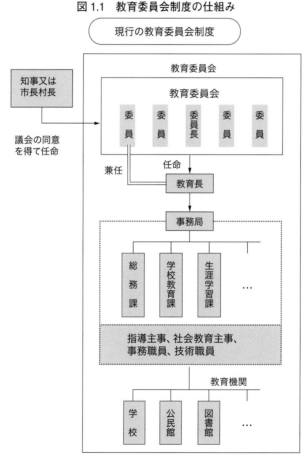

出典：文部科学省「教育委員会制度について」

教育委員会の職務権限は、学校・教育機関の設置・管理、教育財産の管理、教育委員会・学校等の職員人事、児童生徒の就学・入退学、学校の組織編制・教育課程・学習指導・生徒指導等、教科書等の教材の取扱い、学校給食、教職員の研修、教職員・生徒児童の保健・安全・福利厚生、社会教育、体育・スポーツ、文化財保護など学校教育、社会教育を含む教育行政全般（19事項）に広く及ぶ（23条）。

ただし、次に掲げる権限は、教育に関する事務であるが、公選の住民代表である首長の専管事項である（24条）。

① 高等教育機関（公立大学・高専）の設置・管理
② 私立学校（大学・高専を除く）の認可・監督・指導・助言
③ 教育財産の取得・処分
④ 教育委員会関係の契約
⑤ 教育予算の原案の作成

なお、大学等の高等教育は国の所管、それ以外は、原則として自治体の所管となっている。

(2) 教育委員会の歴史

教育委員会制度が設計されたのは、まさに戦前の教育制度の反省に基づくものである[18]。

明治憲法には現憲法26条の「教育を受ける権利」も23条の「学問の自由」も認められていなかった。教育は国の事務とされ、文部省（当時）および内務省（当時）主導による強力な中央集権体制が築かれていた。その結果、国家統制による教育内容が軍国主義化を招いた一要因になったことにかんがみ、戦後の教育

は大きく機軸を転換し、民主化の道を歩むことになる。

　日本国憲法および地方自治法の施行（いずれも1947年5月3日）により「地方自治の本旨」[19]が明示され、教育行政を担う自治体の機関として教育委員会が設置された。

　当初の設置根拠は教育委員会法（1948年制定）であった。同法は、「公正な民意により、地方の実情に即した教育行政を行う」（1条1項）ことを謳い、その委員を住民の選挙により選出する公選制を採用した（7条2項）。まさに教育の自治化・民主化が明定されたのである。さらにこの意味は、教育委員会が一般行政から独立し、教育事務を執行する体制であること確保することでもあった。しかし、教育委員会公選制は、戦後の政治情勢を反映し、かえって、保革対立の政治の道具として利用されるようになったため、10年足らずで廃止されることとなった[20]。

　廃止された教育委員会法に代わり、1956年、新たに地教行法が制定された。同法では、教育水準の維持向上と教育の機会均等の要請にも配慮し教育委員会制度を維持した上で、教育委員会の運営に政治的対立が持ち込まれることを回避し中立的な人選を行うため、委員の公選制を廃し、首長による任命方式を採用した。ただし、政治家である首長による教育への介入の恐れがあるため、任命に際し議会の同意を要することとした（4条）。

　この新たな教育委員会制度はこんにちに至るが、教育行政への民意の反映という当初の趣旨は後退したといわざるを得ない。さらには、その後教育委員会を通じて国が様々な関与を行って教育行政の画一化、集権化が行われてきたことに顧みても、「地教行法体制」は逆コースの集権化とも揶揄されるなど、教育委員会の

機能不全、形骸化といった課題が顕著となってきたのである[21]。

(3) 教育委員会制度の課題

教育委員会の仕組みからくる構造的問題として、以下のような点が挙げられる[22]。

まず1点目として、教育委員会の会議が形骸化し、事務局主導となっていることである。教育委員会は月1回程度開かれる定例会で前述の職務に関する事項を審議・決定するが、教育長を除き、委員は非常勤であり、定例会などの会議の場のみで議事内容にかかわることができる。換言すれば、教育委員会の職務権限は、教育長のもと事務局が日常的に采配しており、委員会の議事に上がる事項もあらかじめ事務局で詳細に検討した結果が委員に示される。したがって、委員会では会議で提案された事項を無批判に承認することが一般的な議事進行となっていると指摘せざるを得ない。

次に2点目として、教育委員会は、政策主体性に欠け国の方針に追従し集権的・画一的な対応になっていることである。前述した文部科学省を頂点とする地教行法体制は、教育委員会を国の出先機関的地位に置く。その結果、教育委員会は、地教行法や学校教育法といった法律だけではなく、政省令、さらには文科省の通知に無思考に従う教育政策の実施部隊となっている。たしかに、学習指導要領などに従うことにより一貫した教育の提供が図られるが、一人ひとりの児童・生徒に向き合って教育を進めるためには、学校現場を直接指導できる教育委員会の主体的な取り組みが欠かせないのではないか。

3点目として、合議制のため迅速な判断ができず、責任の所在が不明確になっていることである。教育への政治的な介入を排することや、専門家である教育長と他の委員のレイマンコントロールによる慎重な意思決定を確保することは、教育委員会制度の根本である。しかし、1点目に述べた会議の形骸化や2点目に挙げた国との上下関係の問題とあいまって、緊急を要する案件や重要な案件などについて、迅速・的確な意思決定ができず、合議制がかえって委員個々の責任感を希薄にしている面が少なからずみられる。

4点目として、教育委員会の責任体制という面で3点目と関連するが、（教育）委員長と教育長のいわば双頭体制による責任の分散が挙げられる。委員長は、あくまで教育委員会の代表者であり、会議の主催者にとどまる。これに対し、教育長は具体的な事務執行の責任者となる。つまり教育委員会は、「長」とつく役職が2つあり、代表者と執行者が異なることから、実際の問題に対して、委員長と教育長のどちらが責任者として対応するのかはっきりしない面がある。さらに、委員長は非常勤であり、常勤の教育長とスピード感が異なり、結果的に対応が遅れてしまう恐れもある[23]。

5点目として、首長部局との総合的・横断的対応が難しいことである。教育委員会は、条例、予算、法令等に基づく自治体の事務を、自らの判断と責任において執行する執行機関である（地方自治法138条の2）。日本の地方自治制度は、権力分立の趣旨に基づき執行権限を分散し、公正妥当な執行の確保や行政運営の画一主義を防止するため、首長のほかに首長から独立した委員会・委

員を設置する多元主義を採用しており、教育委員会を含む行政委員会は、執行機関としてその設置目的に沿った行政権を担当する（同法138条の4）。その趣旨が逆に作用し、首長が教育に関しては不可侵と認識してしまうため、首長による自治体の総合行政が十分に機能せず、結果として、たとえば子どものいじめ問題といった課題に行政全体での対応ができていないという指摘が従前からなされている。

6点目として、これも5点目と関連するが、自治体における教育政策の企画と執行の乖離である。教育委員会の権限は教育行政全般に及ぶが、前述のとおり、予算の編成や執行権は首長にあるため、予算を策定・執行するセクションと予算策定・執行に必要な状況を理解しているセクションが異なる。このことから、教育委員会事務局と首長部局の事務執行に壁を生み、教育現場の実情が自治体政策に反映されにくい状況もみられた。この点は、さらに教育委員会事務局に置かれる指導主事の存在もかかわってくる[24]。教育委員会事務局の職員の多くは、首長部局や他の行政委員会の職員も含め、一般職の自治体職員として一括採用され、配属先として、任命される形態となっている。一方、指導主事は教員のポストとして配置される。指導主事は行政経験に乏しい者が少なくなく、他方で教育委員会事務局内部においては、立場上一定の地位を有している。そのため、組織の不協和音を生むことがままあり、教育行政の組織運営上、迷走や非効率を招いていることもあった。

7点目として、選挙等による信任がなく住民の意向が反映しにくいことである。これも、政治的介入を避けるために首長の任命

制にしたことの代償といえる。

新教育委員会制度

これまで述べてきた教育委員会の構造的課題に対応するため、2014年に地教行法が改正され、教育委員会制度が大きく改革された。以下では、新教育委員会制度ともいうべきこの改革の概要をみる。

(1) 導入の経緯

教育委員会制度の見直しの機運は予てからあった。以下に主だった動きを挙げる。

(i) 国・自治体等の動き

教育委員会問題が厳しく指摘されるなか、国や自治体からいくつかの対応策が示された。

① 中央教育審議会答申（2005年10月26日）

「新しい時代の義務教育を創造する」と題する答申がなされ、教育委員会を全自治体に設置する基本的な枠組みは維持した上で、自治体の実情にあわせた行政が執行できるよう制度を弾力化するとともに、教育委員会の機能の強化、首長と教育委員会の連携の強化や教育委員会の役割の明確化のための改善を図ることが示された。併せて、文化（文化財保護を除く）、スポーツ、生涯学習支援に関する事務（学校教育・社会教育に関するものを除く）は、地方自治体の判断により、首長が担当することを選択できる

ようにすることが適当であると指摘がなされた。

② 地方制度調査会答申（2005年12月9日）

「地方の自主性・自律性の拡大及び地方議会のあり方に関する答申」がなされ、自治体の判断により教育委員会を設置して教育に関する事務を行うこととするか、教育委員会を設置せずその事務を首長が行うこととするかを選択できることとすることが示された。併せて、学校教育以外の事務は、首長が所掌するか教育委員会が所掌するかを選択できる措置を直ちに採るべきことも指摘された。

③ 経済財政諮問会議「基本方針2006」（2006年7月7日）

「経済財政運営と構造改革に関する基本方針2006」において、教育委員会制度が十分機能を果たしていない等の指摘を踏まえ、教育の政治的中立性の担保に留意しつつ、当面、市町村の教育委員会の権限（例えば、学校施設の整備・管理権限、文化・スポーツに関する事務の権限など）を首長へ移譲する特区の実験的な取組を進めるとともに、教育行政の仕組み、教育委員会制度について、抜本的な改革を行うこととし、早急に結論を得るとした。

④ 構造改革特別区域推進本部（2006年9月15日）

「構造改革特区の第9次提案等に対する政府の対応方針」において、学校の施設管理を首長が担当できる特区を実施すること、文化・スポーツに関する事務を首長が担当できるよう措置することなどが示された。

⑤ 規制改革・民間開放推進会議第3次答申（2006年12月25日）

「規制改革・民間開放の推進に関する第3次答申—さらなる飛

躍を目指して―」において、同年7月にとりまとめた「規制改革・民間開放の推進のための重点検討事項に関する中間答申」で教育委員会の必置規制を撤廃し、首長の責任の下で教育行政を行うことを自治体が選択できるようにすることを提言したところ、その後いじめの問題や必修科目の未履修の問題等が顕在化する中で、教育委員会の在り方をめぐっては様々な指摘がなされていることにかんがみ、当面の課題に即応できる体制作りの観点から教育行政の仕組み、教育委員会制度の抜本的改革について早急に検討すべきと指摘し、教育基本法の国会論議や教育再生会議の意見も踏まえて、地方教育行政法の改正を行う方針が示された。併せて、答申では教員人事権の市町村への移譲について、強く指摘している。

⑥ 全国市長会・全国町村会要望（2006年6月30日）

「教育委員会制度の選択制の導入に関する要望」において、公立学校施設整備をはじめ、地方行政全般に責任を持つ首長が、一体的に教育行政に意向を反映させることができるようにするため、必置規制を緩和し、自治体における教育行政の実施について、教育委員会を設置して行うか、首長の責任の下で行うか、選択可能な制度とするよう、国に対して強く求めた。

⑦ 全国市長会「教育における地方分権の推進に関する研究会」アピール（2006年12月19日）

「教育行政における市長の役割と責任の強化に関する緊急アピール」において、市民の感覚に合った制度とするべく、総合行政を担う市長の教育行政における存在や役割・責任を高め、学校・家庭・地域が一体となって、市民の意向を的確に反映した教

育行政を行うことができるよう、教育委員会の選択制の導入を含め、抜本的な制度改革を国に求めた。

⑧　全国都道府県教育長協議会要望（2006年12月26日）

「21世紀の日本にふさわしい教育再生の議論にあたって」と題する要望において、都道府県教育委員会の権限である教職員の人事権の市町村や学校への移譲に対する慎重な姿勢が示されているが、併せて、教育委員会の設置を選択制にすることについては、教育行政の中立性や継続性・安定性の確保の観点から慎重な対応が必要であることが指摘された。

⑨　日本経済団体連合会提言（2006年6月30日）

「21世紀を生き抜く次世代育成のための提言」において、地域における教育政策の立案機能や指導・助言機能を向上させるために、例えば、人口30万人程度の中規模都市以上の大括りとし教育委員会を広域化するとともに、学級編成にかかわる権限を広域化した教育委員会に与えるほか、国が規定している学習指導要領、授業時間数、土曜日の活用有無などについて、広域化した教育委員会の判断で、柔軟に運用できる形へと弾力化することが提言された。

⑩　日本教育再生機構提言（2006年12月22日）

「教育再生への提言」において、教育行政の無責任体制を是正すべく、教育委員会の設置義務を解くとともに、教育長・教育委員をなるべく教員OB以外から選任し、レイマンコントロールの原点に戻るべきことが提言された。

　上記、①から⑤までが国の機関（政府・文科省・総務省）の教

育行政に関する答申等であり、⑥から⑧までは自治体（市町村・都道府県の連合組織等）からの要望である。また、⑨は経済団体、⑩は外部団体からの提言である。

注目できるのは、2005年から2006年にかけて、教育委員会の改革の必要性が矢継ぎ早に指摘されたことであろう。そのなかでも、おおむね教育委員会の機能不全が問題視され、教育委員会の任意設置と首長の教育行政にかかわる権限強化の必要性が説かれている。国においても、中央教育審議会答申では、教育委員会制度の維持が示されていたものの、その後政府は、特区の活用を含め、首長の教育行政へ参与を認めていく方針に移っていったものと思われる。ただし、都道府県は、市町村教育委員会に対する指導的立場から教員人事権を有していたこともあり、教育委員会制度の改革に消極的ともいえる姿勢が見受けられる。

(ii) 教育現場での問題の顕在化

こうした教育委員会をめぐる議論が展開されるのと並行して、教育現場でいくつかの問題が顕在化してきた。

第1に挙げられるのが、指導力不足教員の問題である。初等・中等教育にかかわる教員は、児童・生徒を指導し、人格形成を図り立派な大人に育成していく重要な役割を担っている[25]。この重責に耐えることのできる教員を採用し、適切な研修を行い、指導力不足とならないよう指導・育成していく役割を教育委員会が負っている[26]。

指導力不足教員の認定は、都道府県・指定都市教育委員会ごとに設置される判定委員会で行われ、認定された教員は、一定期間

の研修を行った後、復帰や分限免職などを決定することとなる。文科省によると、2007年度中に指導力不足教員に認定された日本全国の公立学校の教員は371人であり、認定理由は「生徒の反応を確かめず一方的に授業を進める」など適性を疑われるものが多い。また、40代・50代の教員が8割以上を占めている[27]。

こうした状況に対し、2008年2月に就任した橋下徹大阪府知事（当時）は、府教育委員との懇談において、「大阪の教育をどう導くかビジョンが全く感じられない。教育委員会が機能を果たしていないのではないか」と厳しい批判を展開し[28]、教員の指導力不足は、そもそも教育委員会の指導不足であるという指摘が世間の耳目を集めるようになってきた。

第2に挙げられるのが、前述の規制改革・民間開放推進会議第3次答申（(i) - ⑤）でも言及されている、いじめ問題である。2011年10月11日に滋賀県大津市で発生した、いじめを苦にした中学2年男子の自殺を受け、各地でいじめの実態が詳らかになった。文部科学省において2012年に実施した緊急調査でも、同年4月からの半年間に小中学校で把握したいじめの件数は、前年度1年間の総数を上回る7万5千件を超え、生命や身体を脅かされる恐れのある重大なケースも250件に上った。このいじめ問題は、学校現場のみならず教育委員会の隠ぺい体質が指摘されるほか、当事者意識の欠如、対応の鈍さなど、教育委員会の構造的問題を如実に反映したエポックともいえる[29]。

このようないじめ問題への対処、事件の再発防止という喫緊の課題に対応するためには、学校現場といえども、教育委員会のみの当事者問題として片づけることは妥当ではないことから、首長

を中心として自治体全体の行政課題として対処する動きが顕著となった。その代表例が、学校現場のみならず広く発生するいじめ問題全体に対応するため、児童福祉法や児童虐待の防止等に関する法律（児童虐待防止法）では十分とはいえない[30]ことを踏まえた自治体独自の条例化の取り組みである。この大津市の事件の前後からこうした首長や議会主導の対応が見られるようになった[31]。

一方で、第3の問題として、こうした教育委員会の課題の裏腹ともいうべき、教育委員会制度の政治的中立が脅かされるような事態も生じている。

2012年3月に「大阪府教育行政基本条例」が、同年5月に「大阪市教育行政基本条例」が成立した。これは、橋下大阪府知事が率いる大阪維新の会（大阪府議会会派・大阪市議会会派）の議員提案により、指導力不足教員対策をはじめとする府市の教育行政の抜本改革をめざして制定されたものである。両条例には、次のような規定が置かれた。

① 首長（知事・市長）が教育委員会と協議し教育振興基本計画案を作成し、議会の議決を経て策定する。ただし、協議が整わなかったときは、教育委員会の意見を付して首長（知事・市長）が議会に提出する（府条例3・4条、市条例3・4条）。

② 教育委員会の委員が教育基本計画に定めた目標を達成するために自ら行った取り組み、活動状況等について点検・評価を行う。首長（知事・市長）はこの点検・評価結果を委員の罷免手続の判断（地教行法7条1項の罷免事由への該当

性の判断）をすることができる（府条例6条3項・7条2項、市条例6条2項7条2項）。

これらの規定は、運用によっては首長による教育委員会統制ともなりうることが危惧され、教育委員会への政治的介入の恐れもあるといわなければならない[32]。

また、川勝平太静岡県知事が、2013年、2014年と続けて、全国学力調査で小6国語Aの結果が全国平均以上となった公立小学校262校の校長名を公表した。各市町村の教育委員会の同意の下、都道府県教育委員会が学校別や市町村別の成績の公表ができ、静岡県教育委員会は各市町の教育委員会の判断にゆだねていたところ、知事は市町教育委員会の同意を得ることなく、なおかつ県教育委員会の権限事項について踏み込んだ行動に出たことになる。安倍徹県教育長が「各教委が地域の特性をふまえて公表方針を検討している中でこういう結果になり、非常に残念だ」と述べ、文科省学力調査室も「知事の公表は教委の同意を得ておらず、配慮にも欠ける」とコメントするなど、波紋を呼んだものである[33]。

県内児童の学力向上への取り組みの視点で行ったと川勝知事は主張するが、やはり教育委員会への首長の介入事例として捉えられるものと考える。

こうした事例は、教育委員会の抱える課題、そして、教育委員会設置の是非の議論から転じて、教育委員会と首長との関係の再構築に論点が移ったことをうかがわせる。すなわち、住民代表である首長が地域の教育行政にリーダーシップを発揮すべきであることと、教育の政治的中立を確保するための教育委員会の意義の

調和が、現実の問題として求められつつあるといえる。

(2) 新教育委員会制度の概要

(i) 地教行法の改正

　以上述べてきたとおり、2006年時点では、教育委員会から教育行政の権限を首長に移していくという方向性がみられたが、今日に至り、教育委員会の構造的問題を解決するために、首長と教育委員会の関係を再整理し、新たな教育委員会制度を構築する方向に機軸を変更したのが、今回の地教行法の改正の趣旨と言ってよい。

　この間、国は2度の政権交代を経て、第2次安倍政権において、上記の新たな問題を踏まえて、改めて本格的な教育委員会制度の改革が進められた。その結果、2013年4月15日の教育再生実行会議第2次提言「教育委員会制度等の在り方について」が示されるに至った[34]。

　これを受けた中央教育審議会での議論では、教育行政の執行機関が最大の焦点となり、執行機関を首長としその補助機関として教育長を置く案と、執行機関を引き続き教育委員会とし、その補助機関として教育長を置く案が検討された。前者案については、教育行政の責任が、福祉やまちづくり等他の行政分野と同様に、首長に明確化されるというメリットがあるものの、首長の影響力が強くなり過ぎるのではないかという懸念があった。一方、後者案については、教育の政治的中立性、継続性・安定性が確保されるというメリットはあったものの、現行制度の課題が解決できないのではないかという懸念があった。そのため、中教審では両論

併記に近い答申がとりまとめられる結果となった。

その後、与党協議を経て、教育の政治的中立性、継続性・安定性を確保しつつ、責任の明確化、民意の反映という教育委員会制度の課題を解決するための方策として、教育委員会を執行機関として残した上で、後述する教育委員会改革を行う地教行法改正案が、2014年4月4日に閣議決定された。

法案の国会審議では、民主党と日本維新の会が、教育委員会を廃止して教育行政の執行機関を首長とする法案を共同で提出して、論戦が行われるなど、活発な議論が交わされた結果、2014年6月13日に参議院本会議で賛成多数により可決成立し、同年6月20日に公布された。改正地教行法は、翌2015年4月1日に施行されている。

改正地教行法は、教育委員会の「政治的中立性の確保」を確保しつつ、以下に述べる大きく5つの改革を実現する方策を講じたものである。

(ⅱ) 5つの方策
① 「新教育長」の設置

新教育委員会制度が採り入れた方策の第1は、新たな教育長（以下、必要に応じて「新教育長」という）の設置である[35]。

改正地教行法では、教育長を首長が任命することとした（4条・13条等）。従来、首長は議会の同意を得て教育委員を任命し、教育委員会において委員の互選により教育長が選任されていたことから、教育長の任命権が首長にはなかった[36]。法改正により、他の教育委員とは別個に、首長が教育長を選任することで、任命

責任が明確化されることとなった。また、新教育長は、教育委員会の委員長となる（13条）ことから、委員長と教育長が一体化され、教育委員会の第一義的な責任者が教育長であることが明確になり、様々な教育問題への迅速な対応ができる態勢が整えられた

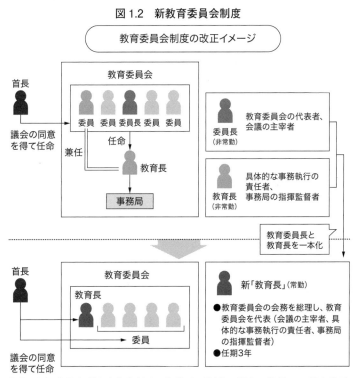

図1.2　新教育委員会制度

出典：文部科学省「地方教育行政の組織及び運営に関する法律の一部を改正する法律（パンフレット）」

(図1.2参照)。

② 新教育長に対するチェック体制

　新教育委員会制度の第2の方策は、権限を増した教育長への監視機能の強化や、対外的な教育委員会の透明性の確保である。教育長への監視機能としては、教育長がその事務の管理・執行状況を教育委員会に報告することが義務化され (25条)、教育委員の定数3分の1以上からの会議招集の請求に応えなければならないことが定められた (14条)。教育委員会の透明性については、会議の議事録を作成・公表することが義務付けられた (14条9項)。こうした措置により、教育委員会の責任体制の確保を図ったものである[37]。

③ 「総合教育会議」の設置 (1条の4)

　新教育委員会制度の第3の方策は、総合教育会議の設置である[38]。教育行政にかかわる予算執行と事務執行は、首長と教育委員会で分断されてきたが、本来密接な関係をもって教育行政を推進していくべき両者[39]は、必ずしも十分に連携されていたとはいいがたく、円滑な調整も行われていないといった実情があった。そこで、首長が招集する「総合教育会議」を全自治体に設けることとし、首長と教育委員会が対等に協議・調整を行う場が確保された。同会議では、4点目の方策である大綱の策定や教育の条件整備など重点的に講ずべき施策、児童生徒の生命・身体の保護等緊急の場合に講ずべき措置を検討することとされた。会議は原則公開として透明性を確保するとともに、調整結果については首長及び教育委員会に尊重義務を課すなど、同会議を介して、民

意を反映した首長と教育行政を執行する教育委員会の連携を図ることが期待できる。

④ 「教育の振興に関する施策の大綱」の策定（1条の3）
　教育の振興に関する施策の大綱とは、教育や学術・文化の目標や施策の根本的な方針のことで、総合教育会議において首長と教育委員会が協議の上、首長が策定するものと定められた[40]。大綱の策定と的確な運用により、地域住民の民意の反映と各自治体における教育施策の総合的な推進を目指すものである。

⑤　国の自治体への関与の見直し（50条）
　いじめによる自殺の防止等、児童生徒等の生命・身体への被害の拡大や発生を防止する緊急の必要がある場合に、文部科学大臣が教育委員会に対して指示ができることが明示された。この点は、新たな是正の指示であり、自治体への関与の強化にほかならない。

新教育委員会にみる教育行政の課題と展望

　教育委員会制度は、前述のとおり、「新教育長の設置」、「総合教育会議の設置」、「大綱の作成」などを大きな柱とした地教行法の改正により、半世紀以上を経て抜本的な改革が図られた。
　以下では、新教育委員会制度を踏まえた自治体の教育行政に関する課題[41]について考察し、若干の展望を試みる。

(1) 新教育長の任期等

　既述のとおり、新教育長は委員長の機能も包含し、教育委員会の代表者として位置付けられる。首長が議会の同意を得た上で直接任免するため、従来より教育行政に首長の意向を反映させやすくなるものと思われる。任期はこれまでの4年から3年に短縮した（地教行法5条）（図1.2参照）。この趣旨は、首長の任期中に最低1回は人事権を行使できるようにしたものであるが、教育の中立性と首長の権限強化のはざまで政治決着したともいえる[42]。そのため、他の委員（任期4年）のみならず、任命権者である首長とも任期が異なることから、教育現場での混乱も予想される。なお、地教行法は、2015年4月に施行されたが、新教育長の任命（教育長と委員長の一体化）は、それぞれの自治体の現教育長の任期満了（または退任）以降に行われるようになる（改正地教行法附則2条）[43]。他方、旧制度の教育委員会体制の下でも、総合教育会議は地教行法改正施行とともに設置することになるので、運営体制もしばらくの間不安定な状態となる。新教育長体制に移行するまでの間、自治体は総合的かつ迅速な教育行政という改革の趣旨に沿った対応をおろそかにしてはならない。

(2) 総合教育会議の運営

　首長は、総合教育会議で学校統廃合や小中連携などについて教育委員会と協議し、教育行政の基本方針（大綱）を定めることになる。ただし、教科書採択や教職員人事などに関する執行権は、教育の政治的中立性に配慮して引き続き教育委員会に残された。

これらの間の調整は今後の運用の中で整理していくことになるが、大綱を基に教育行政を進めていくべきであり、教育に関する首長の強いリーダーシップの発揮と教育の中立性の確保を両立し、真の教育の自治を実現させていくことが求められる。

　気がかりなのが、総合教育会議の運営である。すでに設置された総合教育会議のメンバー構成をみると、首長側は、首長のほか、副知事・副市長村長、各部局の長が名を連ねている。他方、教育委員会側は、教育委員のほか、事務局の部局長が構成員であり、どうしても首長部局が重厚なメンバーとなり、組織バランスに欠ける感がある。もとより、新教育長も教育委員も首長の任命であり、政治家である首長が強ければ強いほど、総合教育会議は首長主導の運営となり、今回の改正でも維持した教育委員会の政治的中立が確保できなくなるおそれがある。対等な議論ができるかどうかが、この会議、はては新教育委員会制度の成否を分けるということができよう。

　なお、文部科学省初等中等教育局長通知（2014年7月17日付）における「総合教育会議」の役割に関する記述のなかで、教育委員会側から会議を招集するケースとして、教材費や学校図書費の充実、ICT環境の整備等、「政策の実現に予算等の権限を有する地方公共団体の長との調整が特に必要になる場合」が挙げられている。さらに、想定される協議事項として、「予算の編成・執行権限や条例の提案権を有する地方公共団体の長と教育委員会が調整することが必要な事項」も示されている。もとより、教育委員会には予算編成・執行の権限は与えられていないが、予算計画の策定等について総合教育会議の場を活用して首長と調整すること

が可能ということである。教育委員会は、教育行政の実情を踏まえた視点から首長の予算編成や予算執行に際して積極的に提言していく姿勢が求められよう。そのためには、新教育長をはじめとする教育委員が教育現場の実態を十分に把握していることが前提となる。

(3) 大綱の策定に関する首長の優位性

　教育の振興に関する大綱は、総合教育会議において教育委員会との協議のうえで、首長が策定することになる。したがって、教育委員会との協議が整わない場合でも、首長は大綱を策定することができる。この点は、留意を要するのではないか。すなわち、当該自治体の教育行政の基本となる大綱について、首長の政治的な意向が強く働くおそれもありうるのである[44]。

　(2)で述べた総合教育会議の体制も影響するが、両者の合意を得て大綱が定められることが、教育委員会制度の改正の趣旨にも合致するものといえる。そういう観点から、大綱策定には、首長と教育委員会の当事者のみならず、第三者（機関）が参与することが望ましいと考えられる。

(4) 国による教育行政の統制

　前述のとおり、地教行法の改正により、自治体の事務である教育行政の運営に対して、国の機関の関与を強化する方策が採られた（50条）。いじめによる自殺の予防等、緊急の必要がある場合に、文科大臣が教育委員会に発する是正の指示であるが、教育委員会の無責任体質等がいじめ自殺問題を惹起してきたことを踏ま

え、生命や身体への被害に特化し、なおかつ緊急を要する場合に限定したやむを得ない措置のように思われる。是正の指示は、本来自治体の法定受託事務の執行に際してのみ国等が行うことができる権力的関与（地方自治法245条の7）であるが、地方自治法245条の3（関与の基本原則）第6項では、国民の生命、身体または財産の保護のために緊急に自治事務の的確な処理を確保する必要がある場合等特に必要と認められる場合は、指示をすることができるとされている。ただし、これはあくまでも例外措置であり、自治事務である教育行政全般に発せられるものではないことは明らかである。他方、地方自治法245条の3第1項では、そもそも国等の関与について必要最小限度の原則を定めている。

この是正の指示の規定は、真に必要な場合に限定し抑制的に運用されるべきである。それとともに、他の教育行政に対して必要以上の国の関与がなされることは、教育の自治、ひいては憲法で保障された自治体の自治権を侵すことになる。国・自治体（首長・教育委員会）ともに、この規定を足掛かりに戦前の教育の国家統制に決して逆戻りすることのないよう、新たな地教行法体制を築いていく必要がある。なお、もとより、いじめ問題に迅速・的確に対応していくことを否定するものではない。

(5) 教育行政の在り方の展望

今回の地教行法改正の意義は、教育の政治的な中立性を確保しつつ、民意を反映した首長の責任・役割が明確になるとともに、教育現場で発生する課題に対して迅速な対応、調整を図ることを可能にしたものである。直接の契機ともいえるいじめ問題につい

ても、常勤の教育長が教育委員会の代表者として速やかに教育委員会を招集し対応を図るとともに、総合教育会議の場で首長と教育委員会で対応を検討するといった迅速かつ総合的な措置を講じることができるようになった。

　他方で、教育長に責任と権限が集中することが妥当なのか、首長の責任と役割を明確にするだけで、将来発生することが想起される様々な課題に実効性のある対応ができるのかといった点は、なお疑問が残る。形骸化した教育委員会を抜本的に改革するためには、非常勤の教育委員についてレイマンコントロールを維持した上での責任に見合ったあり方や信頼性（質）の向上、事務局職員の資質能力の向上、事務局体制の強化が重要な課題といえる。

　また、教育長を首長が選任するということは、その首長を選ぶ住民が教育行政に対し関心を持ち、監視し、参加していくことが肝要となる。それこそが、首長による政治介入を抑止し、教育長を中心とする責任のある教育委員会体制を維持することに他ならない。

　併せて、今回の改革にあっても、教育委員会の選択制や教育委員会自体を廃止し首長に教育行政の執行権を移管することを求める意見があったこと[45]も受け止め、今後、新たな教育委員会体制の運用を点検・評価し、真の自治体の教育行政の在り方を模索していくことも忘れてはならない[46]。

【注】

1) 戦後、主なもので6回の学習指導要領の改正により教育改革が行われてきたが、2002年の新学習指導要領による算数・理科を中心に授業時

間で3割弱の削減と学校完全5日制の導入により、ゆとり教育が本格実施された。その後、2011年の新・新学習指導要領により脱ゆとり教育に教育行政が大きくシフトされ現在に至っている。
2) 中学校と高等学校を合わせた年限に相当する6年間の一貫教育を行う学校として、1998年の学校教育法改正により、新たに中等教育学校が設けられた。例えば、神奈川県では、県立相模原中等教育学校と県立平塚中等教育学校が2009年に開校している。
3) 2012年7月13日に、中央教育審議会初等中等教育分科会・学校段階間の連携・接続等に関する作業部会において、「小中連携、一貫教育に関する主な意見等の整理」が示されたほか、徐々に取り組みが進んでいる。
4) 木田宏『教育行政法』良書普及会、1983年、1〜9頁参照。なお、木田は教育行政における教育の範囲を①学校教育、②社会教育、③家庭教育、④学術、⑤文化、⑥宗教の諸領域に区分している。
5) 礒崎初仁・金井利之・伊藤正次『ホーンブック　地方自治［第3版］』北樹出版、2014年、164頁参照。
6) 従来は社会教育についても教育委員会が所管している自治体が大多数であったが、高齢化社会の進展に伴う生涯学習の重要性や青少年の健全な育成の観点から、近年は首長のもと重点的に取り組む自治体が多くを占めるようになっている。
7) 亘理格・北村喜宣編著『個別行政法』有斐閣、2013年、350頁参照。
8) 木田・前掲注4) 書、13〜18頁参照。
9) 山口道昭・出石稔『明快！地方自治のすがた』学陽書房、2014年、133〜134頁参照。
10) 礒崎・金井・伊藤・前掲注5) 書、165頁、高部正男編著『執行機関』（最新地方自治法講座6）ぎょうせい、2003年、290〜291頁参照。
11) 1999年7月に制定された「地方分権の改革の推進を図るための関係法律の整備に関する法律」により475法律を一括改正し実現した。主な内容は、国と自治体を上下・主従関係に置いていた機関委任事務制度の全廃と、自治体の事務区分の整理、国の自治体に対する関与の縮減などである。参考文献は多数存在するが、さしあたり、西尾勝『自治・

分権再考』ぎょうせい、2013年、61～77頁、礒崎初仁『自治体政策法務講義』第一法規、2012年、170～179頁、山口・出石・前掲注9)書、23～25頁など、教育行政にかかわる地方分権については、新藤宗幸『教育委員会―何が問題か』岩波新書、2013年、40～45頁参照、145～147頁参照。

12) 地方税財源の三位一体の改革は、国税から地方税への税源移譲、国庫補助負担金の縮減、地方交付税制度の改革を同時に行うものであったが、結果的に地方税は自治体全体で3兆円増加したものの、国庫補助負担金は4.7兆円のカット、地方交付税も5.1兆円削られることとなり、地方財政は一層厳しい運営を迫られることとなった。西尾・前掲注11)書、84～85頁、礒崎・前掲注11)書、179～180頁、山口・出石・前掲注5)書、40頁など参照。

13) 礒崎・金井・伊藤・前掲注5)書、166頁参照。

14) 地方自治法138条の4第1項の規定に基づき自治体に置かれる執行権を持った行政委員会のことである。執行機関はそれぞれ独立して事務を所掌する。首長には総合調整権はあるが、他の執行機関である行政委員会の事務について直接権限行使することはできない。各行政委員会は個別法に設置根拠があり、教育委員会は地教行法2条に規定されている。新藤・前掲注11)書、40～45頁参照。

15) この仕組みをレイマンコントロールという。一般人（レイマン）である非常勤の委員の合議によって大所高所から基本方針を決定し、それを専門家である教育長が事務局を指揮監督して執行するという趣旨である。礒崎・金井・伊藤・前掲注5)書、174頁参照。

16) 高部・前掲注10)書、282頁参照。

17) 文部科学省2013年度教育行政調査参照。

18) 新藤・前掲注11)書、86～92頁参照。

19) 地方自治の本旨は憲法92条に謳われ、自治体が国や都道府県から過度の介入を受けない「団体自治の原則」と地域のことは当該自治体の住民の意思で決定する「住民自治の原則」から成り立つ。礒崎・前掲注11)書、50～53頁、山口・出石・前掲注5)書、9～10頁参照。

20) 高部・前掲注10)書、281頁、新藤・前掲注11)書、118～127頁参照。

21) 礒崎・金井・伊藤・前掲注5)書、167頁、新藤・前掲注11)書、130～141頁参照。
22) 礒崎・金井・伊藤・前掲注5)書、168～169頁、新藤・前掲注11)書、147～166頁参照。
23) 2011年に発生した大津市の中学2年生のいじめを苦にした自殺事件に対する大津市教育委員会の対応は顕著な例であり、各方面から批判を受けた。教育委員会制度の改革の一端はこの事件にあったといっても過言ではない。
24) 地教行法18条1項および2項に基づき教育委員会に置かれる職員。教育公務員特例法上の専門的教育職員に位置づけられ、もっぱら学校教育をつかさどる。指導主事の役割については、新藤・前掲注11)書、65～72頁参照。
25) とりわけ義務教育は、各個人の有する能力を伸ばしつつ社会において自立的に生きる基礎を培い、また、国家及び社会の形成者として必要とされる基本的な資質を養うことを目的として行われるものである(教育基本法5条2項)。
26) 指導力不足の可能性がある教員に対し、指導力の回復及び現場復帰をはかるための研修制度が教育公務員特例法改正(2008年4月1日施行)において法制化されている。
27) 文部科学省ホームページ「平成16年度における指導力不足教員認定者の状況」
28) 2008年8月26日橋下大阪府知事と教育委員との懇談会(第3回)
29) 新藤・前掲注11)書、5～8頁参照。
30) 2013年にいじめ防止対策推進法が制定され、いじめ問題の対策が講じられた。同法は、学校とともに地方公共団体に一定の対応を求めており、国においても、学校現場とはいえ教育委員会のみでは対処できない課題と認識していることがわかる。
31) 兵庫県小野市では、2007年12月に全国に先駆けて、「小野市いじめ等防止条例」を制定している(2008年4月施行)。岐阜県可児市では、学校におけるいじめ事件の発生を受け、いじめ防止を公約に掲げ当選した市長が先頭に立ち取り組んだ成果として、2012年10月に「可児市子

どものいじめの防止に関する条例を制定・施行している。いじめ自殺問題で注目された滋賀県大津市では、2013年に「大津市子どものいじめの防止に関する条例」を制定し、同年4月に施行している。また、川崎市は、2012年に「川崎市子どもを虐待から守る条例」を議員立法により制定している（2013年4月施行）。政策法務研究会編『政策法務の理論と実践』（加除式）第一法規、4314〜4317頁参照。

32) 大阪維新の会は、当初案として2011年9月に大阪府教育基本条例を提案しており、これが制定された大阪府教育行政基本条例の原型となった。当初案では知事が学校目標を定め校長や保護者はこれに従い学校体制を作ることとしていたほか、給与や任免に影響を及ぼす厳しい教員の人事評価も規定していた。新藤・前掲注11）書、30〜35頁参照。

33) 朝日新聞デジタル2014年9月4日。

34) 教育再生実行会議は、閣議決定により首相官邸に設置された組織で、2013年2月26日に第1次提言「いじめの問題等への対応について」を発した後、本第2次提言が行われた。教育再生実行会議からは、2015年5月現在7次の提言がなされている。

35) 村上祐介「教育委員会改革からみた地方自治制度の課題」『自治総研』430号、2104年、78頁参照。

36) ただし、実際には教育長就任を前提とした教育委員の人事をするのが慣例であった。

37) 村上・前掲注35）論文、81〜82頁参照。

38) 村上・前掲注35）論文、78頁参照。

39) 地方自治法には、首長の所轄のもと執行機関相互の連絡を図ること（138条の3第2項）、首長の総合調整（同条3項・180条の4）が定められている。また地教行法には、教育に関する予算等について教育委員会が意見を述べること（29条）が規定されている。

40) 村上・前掲注35）論文、78頁参照。

41) 自治体における教育行政の課題には、県費負担教職員制度による二重行政も挙げられる。小中学校など義務教育にかかわる教職員は、身分は市町村でありながら、人事権と給与負担は都道府県の事務権限に属している。このため、市町村教育委員会（指定都市を除く）が事実上

都道府県教育委員会の下級機関に位置づけられ、上下関係におかれるという問題である。この点は、本稿では言及しない。
42) 地教行法改正の与党協議の中で、教育委員会への政治的介入に危惧した公明党と自民党が折り合いをつけた結果である。
43) 2015年5月現在、1785の都道府県・市区町村教育委員会のうち、294の教育委員会（16.5％）で新教育長が就任している。2019年5月にはすべて新教育長体制となる。
44) 村上・前掲注35）論文、80～81頁参照。
45) 新藤・前掲注11）書、19～30頁参照。
46) 新藤・前掲注11）書、212～223頁参照。

【参考文献】

・山口道昭・出石稔『明快！地方自治のすがた』学陽書房、2014年。
・礒崎初仁・金井利之・伊藤正次『ホーンブック　地方自治［第3版］』北樹出版、2014年。
・新藤宗幸『教育委員会—何が問題か』岩波新書、2013年。
・西尾勝『自治・分権再考』ぎょうせい、2013年。
・亘理格・北村喜宣編著『個別行政法』有斐閣、2013年。
・礒崎初仁『自治体政策法務講義』第一法規、2012年。
・市川昭午『大阪維新の会「教育基本条例案」何が問題か？』教育開発研究所、2012年。
・高部正男編著『執行機関』（最新地方自治法講座6）ぎょうせい、2003年。
・木田宏『教育行政法』良書普及会、1983年。
・木田宏編『教育行政』（現代教育学シリーズ6）有信堂高文社、1982年。
・政策法務研究会編『政策法務の理論と実践』（加除式）第一法規。

第2章　高齢化する日本と社会保障

はじめに

　日本の高齢化が叫ばれてから久しいが、高齢化は日本社会の様々な側面に大きな影響を与えている。その一例として、2014年4月から消費税率が3％増税されて8％になったことは記憶に新しいところである。高齢化は、高齢者にとってはまさしく自身の問題であり、また壮年層にとっては差し迫る将来の問題であるため、関心のある中高年層も多いであろう。また、若年層にとっても高齢化は、現在、高齢者を支える立場として是非とも考えて欲しいテーマである。しかし、高齢化については、高齢化率（65歳以上の人口が全人口に占める割合）の上昇がニュースで時折、取り上げられるものの、その高齢化の中身について詳しく知る機会は一般の人には少ないかもしれない。

　そこで本章では、高齢化を客観的データに基づいて分析することで高齢化の現状を明らかにするとともに、高齢社会の将来像とその問題点、対策について、社会疫学というユニークな視点からの分析を交えて検討を行う。また、高齢化と密接に関係する社会保障財政についても、同じく客観的なデータに基づいて、その実状を明らかにしたうえで、政府債務の問題も含めて考察を加える。

高齢化の現状

　高齢化は日本の人口構造を根本から変えている。この変化は人口ピラミッドの変化を見るとよくわかる。図表 2.1 に示すように、1950 年の人口ピラミッドはきれいな正三角形の形をしていたが、2000 年には中年層が増加していわゆる釣り鐘型へと変化した（図表 2.2）。さらに人口ピラミッドは、2055 年には逆三角形になると予想されている（図表 2.3）。

　このように高齢化が進行した結果、高齢化率も上昇を続けている。1950 年では 4.9％に過ぎなかった高齢化率は、1970 年には 7％を超えて日本は高齢化社会となり、1995 年には 14％を超えて高齢社会になった後、2060 年には約 40％にまで上昇することが予測されている（図表 2.4）。

　日本の高齢化を「ひとりの高齢者を何人の現役世代で支えるのか」という視点から見てみよう。生産年齢人口（15〜64 歳）を支え手として、支えられる高齢者を 65 歳以上とすると、図表 2.5 に示すように 1960 年ではひとりの高齢者を 11.2 人で支えていた。その後、年々支え手が減少し、2010 年では 2.8 人、2055 年では 1.3 人に減少すると推測されている。これをイラストで示すと、図表 2.6 のようになる [1]。

第 2 章　高齢化する日本と社会保障　43

図表 2.1　人口ピラミッドの変化 (1950 年)

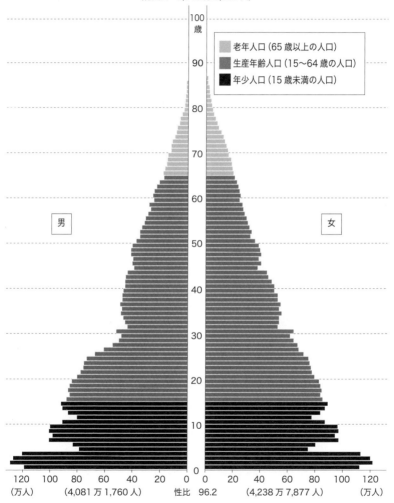

出典：総務省統計局ホームページ（http://www.stat.go.jp/）

44　第1部　日本国内の視点から

図表 2.2　人口ピラミッドの変化 (2000 年)

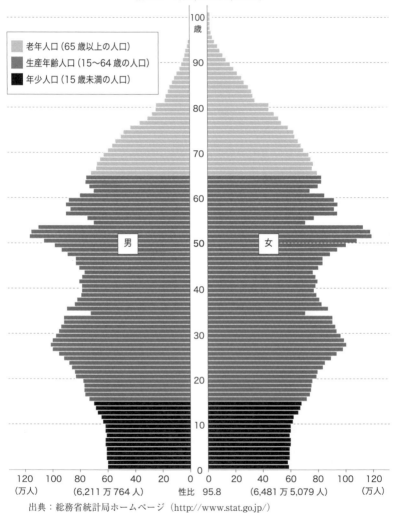

平成 12 年 (2000 年) 国勢調査
(総人口　1 億 2,692 万 5,843 人)

出典：総務省統計局ホームページ（http://www.stat.go.jp/）

第 2 章 高齢化する日本と社会保障　45

図表 2.3　人口ピラミッドの変化（2055 年）

平成 62 年（2050 年）

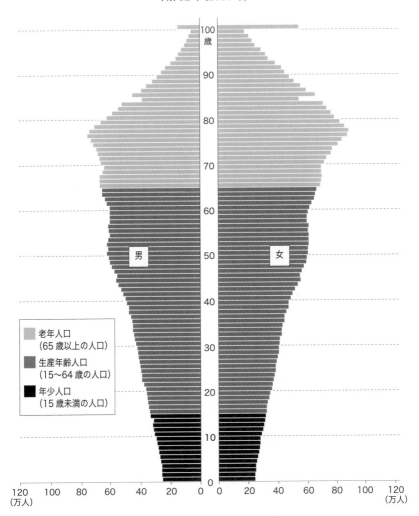

出典：総務省統計局ホームページ（http://www.stat.go.jp/）

図表 2.4　高齢化率の推移と将来の推計値

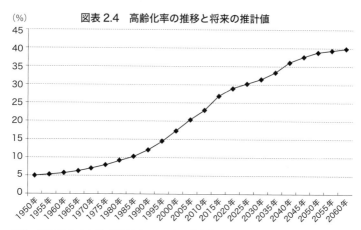

出典：2010年までは「国勢調査」、2013年は総務省「人口推計」（2013年10月1日現在）、2015年以降は国立社会保障・人口問題研究所「日本の将来推計人口（2012年1月推計）」の出生中位・死亡中位仮定による推計結果のデータに基づいて筆者が作成。

図表 2.5　65歳以上を何人で支えるか

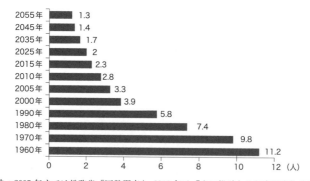

出典：2005年までは総務省「国勢調査」、2010年は「人口推計」より内閣府作成資料。2015年以降は国立社会保障・人口問題研究所「日本の将来推計人口（2006年12月推計）」の出生中位・死亡中位仮定による推計結果のデータに基づいて筆者が作成。

図表2.6　20〜64歳人口の65歳以上人口に対する比率(総人口)

3.6(1億2,693万人)　　1.8(1億1,927万人)　　1.2(9,515万人)

　　　2000年　　　　　　2025年　　　　　　2050年

出典：財務省ホームページ(http://www.mof.go.jp/)

日本の高齢化の特徴

　日本の高齢化に関する特徴として次の3つを指摘することができる。

(1) 世界で最も高い高齢化率

　諸外国と比較した場合、日本の高齢化における特徴としてまず指摘することができるのは、日本の高齢化率が世界で最も高く、どの国も経験をしたことのない高い水準にあるということである。先進諸国と比べた場合、1980年代までは高齢化率がことさら高いということはなかったが、2005年以降、日本の高齢化率は急激に伸びて世界で最も高くなった(図表2.7)。日本は、人類がかつて経験をしたことのない高齢社会になっており、しばらくは世界で最も高齢化率の高い国であり続けると見られている。

(2) 高齢化の速度

　2つ目の特徴は、日本の高齢化のスピードが今までに例を見な

図表 2.7　世界の高齢化率の推移

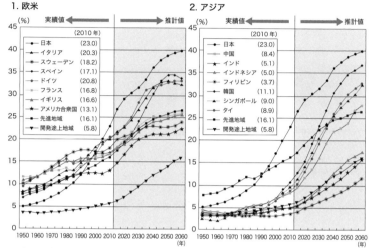

出典：内閣府編『高齢社会白書』（日経印刷、平成 26 年版、2014 年）12 頁。

いほどに速いということである（図表 2.7）。高齢化率が 7％ を超えてから 14％ になるまでの年数を見ると、フランスが 126 年、スウェーデンが 85 年、イギリスが 46 年、ドイツが 45 年であるのに対して、日本は 24 年である。日本は 1970 年に高齢化率が 7％ を超えた後、24 年後の 1994 年に 14％ に達しており、高齢化のスピードが非常に速いといえる[2]。そのため迅速な対応が必要であるともいえる[3]。

(3) 高齢化の質的変化

日本の高齢化率は今後も上昇することが見込まれているが、65 歳以上の人口は 2020 年頃から 3500 万人程度で安定して推移する

と予測されている（図表2.8）。このように見ると高齢化にまつわる様々な問題が2020年頃に一段落するような印象を与えるかも知れないが、必ずしもそうとはいえない。まず、65歳以上の人口が同じでも出生者数の減少により高齢化率は高まるために、人口構造にかかわる問題は継続することになる。加えて、現在は65歳以上の人口のなかでは前期高齢者（65歳から74歳）の人口が後期高齢者（75歳以上）の人口を上回っているが、今後はこれが逆転し、後期高齢者の人口が伸びると予測されている。このことは日本がより高コストの高齢社会になることを意味する。たとえば、東京都のデータでは、後期高齢者の要介護認定率は前期高齢者の6.6倍であるように、後期高齢者の増加は、介護、医療

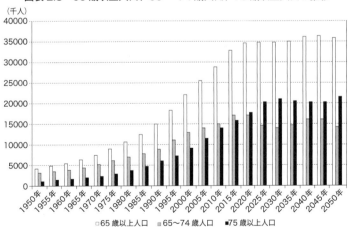

図表2.8　65歳以上人口、65〜74歳人口、75歳以上人口の推移

出典：2000年までは総務省統計局「国勢調査」、2005年からは国立社会保障・人口問題研究所「日本の将来推計人口」(2002年中位推計) のデータに基づき筆者が作成。

等の社会保障の費用を増加させる（図表2.9）。

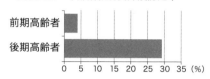

図表2.9　年齢階級別要介護認定率

出典：東京都福祉保健局高齢社会対策部「介護保険事業状況報告（月報）」（2010年11月）のデータに基づき筆者が作成。

高齢化の要因

　このように高齢化率が上昇する理由として出生率の低下が原因なのか、それとも死亡率の低下（平均寿命の伸長）が原因なのかという問題について1959年頃から議論されてきた。

　平均寿命の伸長については、戦後、日本の死亡率（人口1000人あたりの死亡者数）は大きく減少し、生活環境の改善、食生活・栄養状態の改善、医療技術の進歩等によって1947年の14.6から1963年の7.0へと死亡率は半減した[4]。65歳以上の高齢者の死亡率を見ても、第2次世界大戦以降は減少傾向にあり、1950年の71.5から1980年には47.4へ、さらに2012年には35.5へと減っている。その結果、図表2.10に示すように平均寿命も伸長しており、女性は1950年の61.5歳から2060年の約91歳へと30年ほど伸び、男性は1950年の58歳から2060年の84歳へと26年ほど長くなると推測されている。こうした平均寿命の伸長が日本の高齢化の主な要因とも考えられ

　しかしながら、この問題については、出生率の低下が中心的な

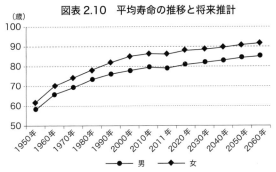

図表 2.10　平均寿命の推移と将来推計

出典：1950 年および 2011 年は厚生労働省「簡易生命表」、1960 年から 2011 年までは厚生労働省「完全生命表」、2020 年以降は、国立社会保障・人口問題研究所「日本の将来推計人口（平成 24 年 1 月推計）」の出生中位・死亡中位仮定による推計結果のデータに基づいて筆者が作成。

要因であるとの結論がすでに得られている[5]。すなわち、低い平均寿命と高い合計特殊出生率の下における人口構造を出発点として、①平均寿命だけが先進国水準まで伸びた場合、②出生率のみが先進国水準まで低下した場合、③両者ともに先進国水準に変化した場合、の 3 通りの年齢構造を人口安定モデル[6]によって計算した結果、①の場合は、平均寿命だけが伸びても、若年齢人口の比率と高年齢人口の比率がやや上昇するものの、全体として大きな違いがなかったのに対し、②の場合は、若年齢人口の比率の低下と高年齢人口の比率の上昇が同時に起きて人口構造が大きく高齢化することがわかった。また、③の場合、出生率のみが低下した場合よりも高齢化が進むことがわかった[7]。フランスは世界で最も早く 1865 年には 65 歳以上の高齢者が人口の 7％に達していたが[8]、それは、フランスの出生率の低下が世界で最も早く 19 世紀初頭に始まったためであることはよく知られている[9]。次に

少子化の現状についてみてみたい。

少子化の現状

　図表 2.11 が示すように、第 1 次ベビーブーム期である 1947 年では、合計特殊出生率[10]は 4.7 であった。その後、急激に減少し、しばらく 2 前後を保ってほぼ横ばい状態が続いていたが、1975 年以降に減少傾向となり、2005 年には 1.26 にまで落ち込んだ。なお、図表 2.11 をよく見ると、1966 年に合計特殊出生率が 1.58 に大きく落ち込んでいるが、これはいわゆる丙午（ひのえうま）の影響であると考えられている。丙午とは、60 年に 1 回まわってくる干支であり、この年に生まれた女性は気性が激しいと

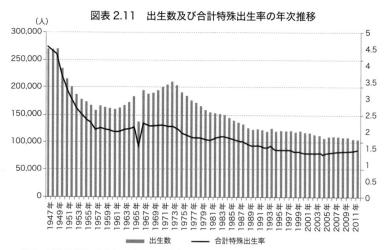

図表 2.11　出生数及び合計特殊出生率の年次推移

出典：厚生労働省「平成 24 年人口動態統計月報年計（概数）」のデータに基づき筆者が作成。

いう迷信がある。この丙午をさらに下回る1.57を記録した1989年は、日本の少子化が一般に認知されるようになったという意味においてターニングポイントとなった年といえる。

将来の合計特殊出生率の推移については、2010年の1.39から緩やかに減少し、2060年には1.35になると予想されている[11]。ただし、この予測は、出生について高位、中位、低位の3つの仮定を行った場合の中位推計の予想値である。参考のために説明を加えると、高位推計では2010年の1.39から2011年に1.44となった後に、2020年に1.61を経て、2060年には1.60になると推測されている。低位推計では、2010年の1.39から2011年に1.31となった後、2023年に1.08まで減少し、その後若干の上昇を示し、2060年には1.12になると予想されている。

この少子化の原因のひとつとして未婚率の上昇があげられる。1960年以降、男女ともに1970年代までは横ばいで推移したが、1980年からは各年代で男性、女性ともに未婚率が上昇している

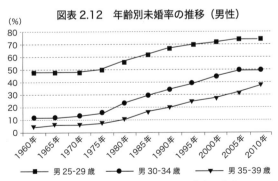

図表2.12　年齢別未婚率の推移（男性）

出典：総務省「国勢調査」(2010年) のデータに基づき筆者が作成。

図表 2.13　年齢別未婚率の推移（女性）

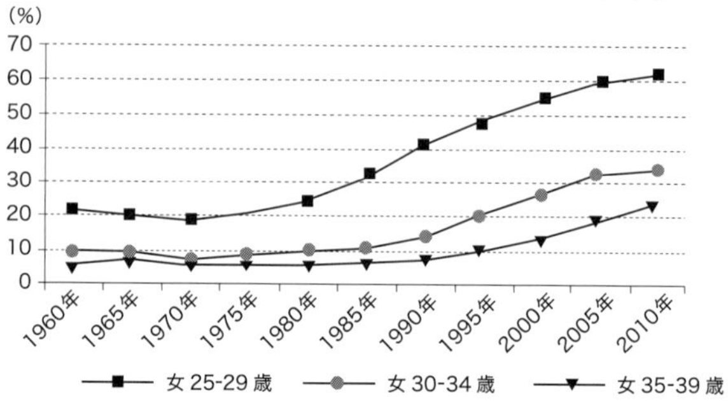

(%)
70
60
50
40
30
20
10
0
1960年
1965年
1970年
1975年
1980年
1985年
1990年
1995年
2000年
2005年
2010年
女 25-29 歳
女 30-34 歳
女 35-39 歳

出典：総務省「国勢調査」(2010 年）のデータに基づき筆者が作成。

(図表 2.12、2.13)。この結果、生涯未婚率[12]も上がった。男性は 1.45％（1950 年）から 20.14％（2010 年）へと約 14 倍に増え、女性は 1.35％（1950 年）から 10.61％（2010 年）へと約 8 倍に増加している（図表 2.14)。未婚率の増加の背景には、結婚観の変化があると考えられる。NHK の調査によれば、「人は結婚するのが当たり前だ」という考え方が「必ずしも結婚する必要はない」

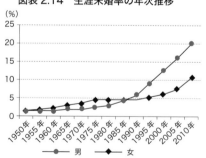

図表 2.14　生涯未婚率の年次推移

(%)
25
20
15
10
5
0
1950年
1955年
1960年
1965年
1970年
1975年
1980年
1985年
1990年
1995年
2000年
2005年
2010年
男
女

出典：総務省「国勢調査」(2010 年）のデータに基づき筆者が作成。

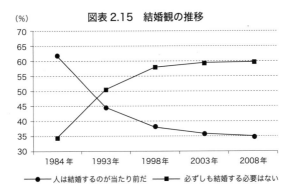

図表 2.15　結婚観の推移

出典：1984年については、NHK「現代の家族調査」、1993～2008年については、NHK「日本人の意識調査」より、厚生労働省政策統括官付政策評価官室作成のデータに基づき筆者が作成。厚生労働省編『厚生労働白書』(日経印刷、平成25年版、2013年) 61頁参照。

という考え方を上回っていたが、1993年に逆転した後、両者の差は拡大しつつある（図表2.15）。

では、なぜ結婚しない（または結婚できない）のであろうか。この点に関して「いずれ結婚するつもり」と回答した未婚者に、現在、未婚にとどまっている理由を尋ねた結果が図表2.16、図表2.17である。18～24歳の年齢層では、結婚しない理由として「まだ若すぎる」、「まだ必要性を感じない」、「仕事（学業）に打ち込みたい」との回答が比較的多く、結婚できない理由としては「適当な相手にめぐり合わない」が多い。他方、25～34歳の年齢層では、結婚できない理由の「適当な相手にめぐり合わない」が突出して多くなる。換言すれば、結婚できない理由を解消することができれば、結婚率の上昇の可能性があるということである。全体として年齢層が上がるにつれて、結婚しない理由から結婚でき

図表 2.16 独身にとどまっている理由（18〜24歳）

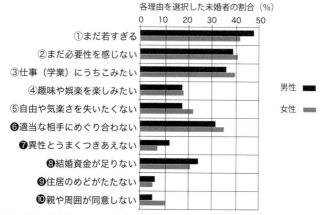

※①〜⑤は「結婚しない理由」を、❻〜❿は「結婚できない理由」を示す。

出典：国立社会保障・人口問題研究所「出生動向基本調査（2010年）」および鎌田健司「30代後半を含めた近年の出産・結婚意向」ワーキングペーパーシリーズ（J）、国立社会保障・人口問題研究所（2013）より厚生労働省政策統括官付政策評価官室作成資料に基づき筆者が作成。厚生労働省編『厚生労働白書』（日経印刷、平成25年版、2013年）72頁参照。

図表 2.17 独身にとどまっている理由（25〜34歳）

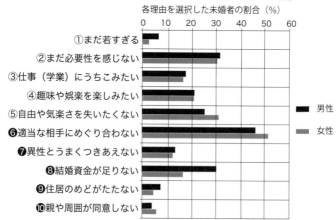

※①〜⑤は「結婚しない理由」を、❻〜❿は「結婚できない理由」を示す。

出典：図表2.16と同一の資料に基づき筆者が作成。

ない理由へと全体的に重心が移っていることが特徴的である。ただし、「まだ必要性を感じない」が10ポイントほど減少したものの、依然として高い数値を示しているのは、前述した結婚観の変化の影響であるとも考えられる[13]。

高齢社会の将来像

　高齢化および少子化が進む日本社会は、将来、どのように変化していくのであろうか。この点について、まず、人口学の知見を借りて人口転換論と「第2の人口転換」論の視点から考察し、次に、近年、政策分析ツールとして利用されるようになった世帯情報解析モデルに基づいて出されたシミュレーション結果から検討してみたい。

（1）人口転換論と「第2の人口転換論」[14]

　人口転換論は、多死多産社会から少死少産社会へと移行（転換）すると説く[15]。すなわち、人口転換前は高出生率と高死亡率が概ね均衡し、人口増加率がゼロに近い状態であるが、近代化が始まると死亡率がまず低下し、出生率との格差が大きくなり人口増加率が上がりはじめ、人口が持続的に増加していく。やがて出生率が死亡率に追随して低下しはじめると両者の格差が縮小し、出生率と死亡率が均衡することによって人口増加が集束する。こうした人口転換の過程において、転換前の若い人口構造から転換後の高齢化した人口構造に変化し、人口は増加を止めて静止状態になる。このように人口転換論は想定する[16]。たとえば、

1950 年代に人口転換が終わり、ほぼ人口置換水準の出生率[17]を継続していた日本については、人口は 2020 年代に 1 億 4000 万人で安定し、65 歳以上の人口割合は 18％と見込まれていた[18]。その結果、人口転換後は高齢化が進むものの、老年従属人口指数（老年人口を生産年齢人口で除した値）は 30％にとどまり、社会経済的に容易に対応可能な社会となるとされていた。西欧諸国等の多くは 19 世紀の半ば以降に出生率が低下し、概ね 1930 年代に転換を終了した。しかし、第 2 次世界大戦後、この想定に反する事態が生じた。これらの国々の出生率は反騰して人口置換水準を大きく上回り、長期のベビーブームが続いたが、1960 年代に入ると出生率は再び低下し、1970 年代にはほぼ一斉に人口置換水準を下回った。

すでに四半世紀以上出生率が人口置換水準を下回っている西欧諸国の状況を踏まえ、「第 2 の人口転換」という考え方が次のように提唱されはじめた。すなわち、人口転換後の合計特殊出生率は恒常的に人口置換水準を下回り、人口減少が継続し、高齢化が予想を超えて進行する。また、西欧諸国においては、ピルの普及等により「性と生殖の分離」が進み、未婚者の性行動の活発化、結婚の延期、同棲・婚外子の増加が生じ、さらには女性の高学歴化・就業拡大・経済力の向上等により、出産の延期、中絶の増大、離婚率の上昇が見られる。こうした変化の背景には、人々が従来の社会規範にとらわれずに、個人の自己実現を追求しようとする価値観が広まったことがある。この考え方は以上のように説く。

しかし、日本、中国、東南アジアでは、少子化が進んでいるにもかかわらず、同棲・婚外子が増える傾向が見られず、西欧諸国

と異なっている。また、30歳代の女性の出産が増加している国もあり、「第2の人口転換」論の普遍性については慎重に見極める必要がある。

とはいえ、先進諸国の人口は、アメリカ、フランス等を例外として21世紀前半で減少局面に入り、高齢化が当初の予想をはるかに上回り、老年従属人口指数は50％前後となる国が続出することが明らかとなってきた。こうした事態は、人口転換論がかつて予想した社会とは大きく異なるものであり、超高齢人口減少社会と呼ぶべきものといえる。

(2) 世帯情報解析モデルに基づく分析

次に、高齢社会の将来像を世帯情報解析モデルに基づくシミュレーション結果[19]から検討してみたい。

将来の人口推計に関する研究[20]によれば、2060年までに日本の総人口は1億2806万人から8674万人まで32.3％減少し、高齢化率は23.0％から39.9％へと16.9ポイント上昇すると予測されている。かつて日本では、公的年金等の社会保障制度が発達していなかったため、高齢者は子どもと同居し、老後の世話をしてもらうことが一般的であった。1986年において高齢者の64.3％が子どもと同居していた[21]。しかし、その後の核家族化、社会保障制度の充実等により、子どもと同居する高齢者が減少し、2010年には17.5％にまで同居率が低下した[22]。これとは対照的に、配偶者のいない子と同居している高齢者は1986年の17.6％から2010年の24.8％へと7.2ポイント上昇している。これは、晩婚化・非婚化によって、子どもが親元を離れるきっかけを失い、両

親が高齢になるまで同居を継続するケースが多いからである[23]。また、結婚しない子どもには、安定的な就業がなく、収入が不安定な者も多く、親と同居しないと生活が維持できないというケースも多い。

　子どもと同居している高齢者の比率が低下する一方で、子どもと同居していないひとり暮らしや夫婦のみの世帯の高齢者の比率は大きく上昇している。1986年から2010年にかけて、ひとり暮らし高齢者は10.1％から16.9％へと6.8ポイント上昇し、夫婦のみの高齢者世帯は22.0％から37.2％へと15.2ポイント上昇した。

　しかしながら、今後は高齢者夫婦のみの世帯において、夫が亡くなり、妻だけが残されるケースが増加すると見込まれるため、2030年頃までに急速に夫婦のみ世帯の高齢者の比率が低下し、逆にひとり暮らしの高齢者の比率が上昇し、2040年頃にはその比率が逆転すると予測されている。また、施設に入所する高齢者の比率が高くなることも推測される。施設入所者には配偶者のいない高齢者が多く、施設入所の高齢者の増加は、ひとり暮らし高齢者の増加を実質的に意味する。こうして21世紀後半には、ひとり暮らし高齢者が高齢者全体の3割、施設入所者は1割になると見込まれる。

　他方、配偶者のいない子と親の同居は老親の死亡によって解消され、子はひとり暮らしとなるが、親が死亡する頃には子本人が高齢者となるため、子自身もひとり暮らし高齢者となる。このようなかたちでひとり暮らしとなった高齢者は、老後の蓄えもなく、公的年金も老齢基礎年金だけという者も多い。しかも、その老齢基礎年金も、納付猶予や免除等の適用を受けていたり、保険

料が一部未納となっていれば、その分減額されることになる。こうして親と同居している独身の子は、将来の貧困高齢者の予備軍となる。以上の結果、ひとり暮らし高齢者の未婚比率は、2010年の14.3%から2100年の46.7%に上昇すると予測されている。

こうした高齢者の貧困率は、2009年の9.4%から2040年の17.8%へと急激に上昇し、その後は緩やかに上昇を継続して、2060年には19.8%へと2割弱までになると推計されている。これに対して、高齢者以外の貧困率は2009年の8.7%であり、高齢者の貧困率とほぼ同程度であるが、2060年においても11.1%にとどまると見込まれている。つまり、今後の貧困率の上昇は主に高齢者の貧困化によるものとなる。

さらに、高齢者の貧困率を男女別に見ると、とりわけ女性高齢者の貧困率が高く、今後も大きく上昇することが推計されている。すなわち、2009年の貧困率は、男性6.2%、女性11.8%と、その男女差は5.6ポイントにとどまるが、2060年には男性13.5%、女性24.7%となり、その差は10ポイント以上に広がる。女性高齢者の貧困率が上昇する原因として、女性の公的年金の水準が低いことがあげられる。現在の公的年金制度は、高度成長期に発展したこともあり、男女の役割分担として、男性が正社員として働き、女性は専業主婦として夫を支えることを基本としており、こうした家族モデルにおいてうまく機能する仕組みとなっている。この仕組みの下では、第3号被保険者制度、遺族年金等があるため、ほとんどの男女が結婚し、離婚が少ない戦後家族モデルについては、おおむね高齢者の老後の所得が保障されることになる。しかし、1980年代以降の生涯未婚率の上昇、離婚の増加

により、戦後の家族モデルが崩壊し、高齢女性の貧困率が将来、急上昇することが見込まれる。また、実際上女性の賃金は低く、非正規の雇用も多いことから、女性の年金額も低い水準にならざるを得ない。こうしたことも高齢女性の貧困化に拍車をかけると思われる。

　以上のように高齢化を続ける日本社会において、将来、高齢者の貧困化、特に女性高齢者の貧困化が進むことが推測されている。未婚率が上昇し、離婚が増えていくなかで、戦後家族モデルに適合する生き方をした人と、そうでない人との所得格差が今後、拡大すると見込まれる。こうした所得格差の拡大をどのように理解すればいいのであろうか。本書では、所得格差を社会疫学というユニークな視点からとらえて警鐘を鳴らすウィルキンソンに焦点をあてて、以下において考察することにする。

ウィルキンソンの平等社会論

　所得格差を縮小するべきであるとする今までの平等社会論や格差是正論は、おおむね貧困層の困窮状況などに焦点をあてて、こうした貧困層の窮状は社会的に是認されないと主張するものであった。所得格差の是正や貧困の救済に関して治安維持の効果が指摘されることはあったが、富裕層に対する所得格差の影響について言及されることは一般になかった。これに対してウィルキンソンの平等社会論は、所得格差が貧困層のみならず、富裕層に対しても悪影響を及ぼすと主張するものであり、この点において従来の平等社会論とは異なる新たな地平を開いたものと評すること

ができる。

このウィルキンソンの平等社会論が説得性を持つ理由として、①現代社会の特質を新しい視点から分析していること、②客観的データに基づいて主張を裏付けていること、③富裕層に対する所得格差の悪影響を立証することで、格差是正に対する富裕層の心理的抵抗感を緩和していること、の３つをあげることができる。以下、順に検討を加える。

（１）現代社会の特質

ウィルキンソンは現代社会が従来の社会とは質的に変容したとして、その変容を疫学転換という概念を用いて説明する。疫学転換とは、経済発展によって絶対的物的欠乏が解消された結果、もたらされた健康の変化のことをいう[24]。このようにウィルキンソンは疫学転換を厳密に定義して説明を試みているが、一部正確性を犠牲にして疫学転換をわかりやすく解説すれば、次のようなものとして疫学転換を理解することができる。

すなわち、従来、格差社会においては、健康問題は専ら貧困層に生じ、富裕層には生じなかったが、格差のある社会が格差をともないつつ全体に豊かになると、健康問題が貧困層と同時に富裕層にも生じるようになる。こうした社会変化、つまり、富裕層にも健康問題が生じる変化のことを疫学転換というのである。たとえば、社会全体として貧しい格差社会では、貧困層は貧しさゆえに充分な栄養をとることができず、疾病に罹患し、または栄養失調などの健康問題を抱えやすいのに対して、富裕層は充分な栄養を摂取することができるために、貧困層が抱えるような健康問題

が生じにくかった。ところが、格差をともないつつ全体として社会が豊かになると、貧困層が高エネルギーな食物を安価に購入できるようになるため、栄養不足などによる健康問題が貧困層に生じにくくなる。一方、社会が豊かになると栄養不足などの要因に代わって、ストレスなどの心理的要因が健康問題に大きな影響を与えることになり、格差の大きい社会では、格差によるストレス等によって、貧困層と富裕層の両方が精神疾患に罹患するリスクが高まり、健康問題が富裕層を含めた社会全体で生じるようになる。

こうした疫学転換を経たものとして現代社会をとらえたうえで、ウィルキンソンは、所得格差が健康問題の他にも様々な領域で、しかも富裕層も含めた社会全体に悪影響を及ぼしており、格差そのものが社会を害する元凶であるとし、現代社会に生じている種々の問題を解決するためには、所得格差そのものを解消して平等な社会に移行しなければならないと説く（ウィルキンソンの平等社会論）[25]。

ウィルキンソンは、豊かな格差社会において、貧困層に対しても富裕層に対しても全く同様に社会問題が発生すると説くのではなく、富裕層よりも貧困層に多くの問題が生じやすいことは認めている[26]。この点を考慮すれば、ウィルキンソンの平等社会論は、疫学転換を経た格差社会においては、基本的に社会問題が従前よりも社会全体に広がることを主張するものと理解することができる。

(2) 客観的データに基づく立証

ウィルキンソンは、社会全体に対する所得格差の阻害性を立証

するための客観的データとして、まず、図表 2.18 を示す。この図表は、世界 21 カ国について「健康および社会問題インデックス」[27] と所得格差との関係を示したものである。健康および社会問題インデックスという指標は、信頼の程度、精神疾患、平均余命、乳幼児死亡率、肥満、子どもの学力、10 代の妊娠、殺人、収監率、社会移動（社会的流動性）の 10 項目のデータに基づいてウィルキンソンが独自に算出した指標であり、この指標の数値が高いほど、前述した 10 の領域について種々の問題が多く発生していることを表す。この図表から明らかなように、所得格差の大きい国ほど、種々の問題が多く発生しており、反対に所得格差の小さい国ほど、社会問題が少なくなっている。

ウィルキンソンが強調するのは、社会問題と関係があるのは所得格差であって、所得水準そのものではないということである。社会が豊かになれば、格差社会における貧困層にも豊かさの恩恵が行き渡り、社会問題も発生しなくなるのではないかとも考えられる。実際、社会が豊かになるにつれて、社会保障制度の整備が進み、医療へのアクセスが改善されて国民全体の健康が促進され、また絶対的な貧困の問題が改善されてきた。しかし、ウィルキンソンは、現代社会、特に先進国では、さらに社会が豊かになっても、その豊かさだけでは人々がより健康になり、種々の社会問題が改善されることはないと説く[28]。たとえば、水を入れたコップの中に砂糖を少しずつ入れて溶かしていくと、それ以上砂糖を入れても溶けなくなる飽和という状態になるが、同様に社会が豊かさを増していき、先に述べた疫学転換を経ると、それ以上豊かになっても社会問題は改善されなくなるということである。

この点に関してウィルキンソンは、客観的データとして図表2.19を示す。この図表は、先の図表2.18に示した世界21カ国について、所得水準、つまり1人当たりの国民総所得と、健康および社会問題インデックスとの関係を示したものである。もし所得水準が社会問題と関係を有するならば、所得水準が上がるにつれて健康および社会問題インデックスも上がらなければならないが、そうした傾向をこの図表から読み取ることはできない。ウィルキンソンは、この図表2.19の客観的データを示すことによって、所得水準と社会問題が関係しないことを明らかにし、社会問題はむしろ所得格差と関係することを強調しようとしたものと理解することができる。

図表2.18　健康および社会問題インデックスと所得格差

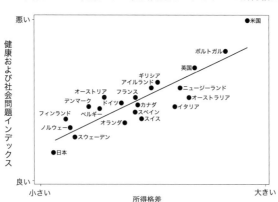

出典：リチャード・ウィルキンソン、ケイト・ピケット著、酒井泰介訳『平等社会 経済成長に代わる、次の目標』（東洋経済新報社、2010年）（以下、『平等社会』と略す）22頁（表題は筆者）。

第 2 章　高齢化する日本と社会保障　67

図表 2.19　健康および社会問題インデックスと 1 人当たり国民総所得

[図：縦軸「健康および社会問題インデックス」（悪い―良い）、横軸「1 人当たり国民総所得（ドル）」20,000～40,000。プロット点：米国、ポルトガル、英国、ギリシア、ニュージーランド、オーストラリア、アイルランド、フランス、オーストリア、イタリア、ドイツ、カナダ、スペイン、デンマーク、フィンランド、ベルギー、スイス、オランダ、ノルウェー、スウェーデン、日本]

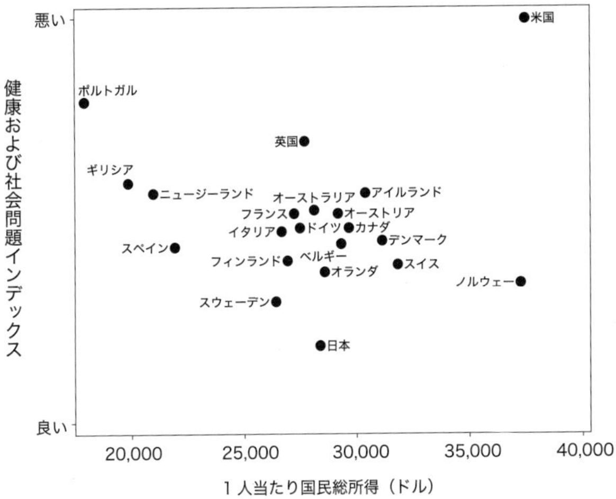

出典：『平等社会』23 頁（表題は筆者）。

(3) 富裕層の心理的抵抗感の緩和

　従来の平等社会論、格差是正論は、貧困層に生じる社会問題をクローズアップし、その問題の改善を論じるものであった。その改善の手段は、一般には、税や社会保険料というかたちで富裕層から所得や資産の一部を取り立てて、それを社会保障制度を通じて貧困層に分配するというものであった（社会保障制度の所得再分配機能[29]）。このような方法で所得の再分配を行い、所得格差を縮小することにより、貧困層に生じる社会問題は再分配の程度に応じて改善していくと説かれたが、しかし、貧困層に生じる社会問題は改善されたとしても、富裕層に生じる社会問題が改善さ

れるとは論じられて来なかった。したがって、富裕層にとっては、こうした所得再分配に対するメリットが感じられず、どうしても自分の所得や資産を貧困層に奪われてしまうという感覚を抱きやすかった。こういった感覚は政治にも反映され、平等化政策を躊躇させる要因のひとつになっていたと思われる[30]。

　一方、ウィルキンソンは、所得格差を是正することによって、貧困層のみならず富裕層についても社会問題が改善すると説いており、精神疾患、平均余命、乳幼児死亡率、肥満、子どもの学力、10代の妊娠、殺人、収監率、社会移動の項目等において社会問題が解決に向かうとする。そのため、富裕層は所得再分配に対してメリットを感じやすく、所得再分配政策に対する抵抗感が少ないといえる。

(4) 課　　題

　ウィルキンソンの平等社会論は、貴重な提言として基本的に評価することができるが、その一部については課題を残している。まず、健康および社会問題インデックスの計算方法が具体的に示されておらず、検証を十分に行うことができない。ただし、精神疾患、平均余命、暴力、社会移動などについては、具体的なデータが別途示されているため、健康および社会問題インデックスと所得格差が関係することは容易に推測される。次に、所得格差と種々の社会問題との相関関係は示されているものの、所得格差がどのようなメカニズムで当該社会問題を引き起こしているのかという関係性については必ずしも十分な検討がなされていない。この点を明らかにすることによって、ウィルキンソンの平等社会論

は、より説得性を増すと考えられる。最後に、ウィルキンソンは種々の社会問題が改善されるとして、多くの社会問題と所得格差との関係に言及しているが、すべての社会問題について論じているわけではない。所得格差を縮小しても改善されない社会問題もあるかもしれない。こうした社会問題についても考察することで、社会問題と所得格差との関係が一層明確になると思われる。

(5) 所得格差と貧困

今後、高齢者の貧困化、特に女性高齢者の貧困化が進み、生き方の違いにより老後の所得格差が拡大することが見込まれる。所得格差と貧困については、格差と異なり貧困は「あってはならない」ものであり、格差論だけからは、積極的な解決策も、あるべき社会論も出てきにくいとして、格差よりも貧困を重要視すべきだとする見解[31]もあるが、ウィルキンソンは、所得格差と貧困とを比較して論じてはいないものの、所得格差と社会の諸問題との関係に注目し、所得格差の病理性を明らかにしたものと評価することができる。

将来、増加すると推計される貧困の女性高齢者については、生活保護を受給するほどに貧困でなければ問題はないと考えることもできなくはないが、しかし、生き方の違いによって所得格差が生じるのは妥当ではない。所得格差は、ウィルキンソンが分析するように社会全体に対して一定の影響を与えると推測されることから、戦後家族モデルに立脚しない新たな公的年金制度を構築し、また女性の安定的就労のための政策も行うことが必要であろう。

所得格差や貧困のほかに、高齢化は社会保障財政に大きな負担

をかけることになる。そこで、次に高齢化と社会保障財政について考察を行う。

高齢化と社会保障財政

これからは65歳以上の人口は伸びないものの、日本は以前にも増して高コスト型の高齢社会に移行していくと考えられる。そのため高齢化により社会保障制度は日本の財政に大きな影響を与えると思われる。

(1) 社会保障財政

社会保障制度において国民に対して金銭またはサービスとして給付した1年間の総額は約110兆円（2013年度）となっている（図表2.20）。その内訳は、年金が53.3兆円と最も多く、続いて医療が36兆円、福祉が21.1兆円となっている。この費用の6割は社会保険料で賄われており、日本の社会保障制度は社会保険料で成り立っているということもできる。

社会保障給付費は、1975年では11.8兆円であったが、1991年には50.1兆円（対GDP比で10.5％）になり、2011年度には約110兆円（対GDP比で約22％）へと1975年の約10倍に増えている（図表2.21）。現行制度を維持した場合、高齢者人口の増加により毎年約1兆円ずつ社会保障給付費が伸びていくとされる。

2014年度の予算の総額約96兆円のうち、最も大きい歳出は社会保障関係費であり、全体の約32％を占めている（図表2.22）。国債費を除いた基礎的財政収支（プライマリー・バランス）[32]に関

していえば、社会保障は全体の42％を占めるに至っている。社会保障給付額は、1980年の25.7兆円から2009年の100.9兆円まで増加しているが、この間の年平均増加率は4.8％である。一方、社会保障負担額（労働者とその使用者の負担の合計。公費負担は除外）は、同じ期間において16.3兆円から51.9兆円に推移しており、年平均増加率は4.1％である[33]。1992年以降のそれぞれの年平均増加率をみると、社会保障給付は3.6％であるのに対して、社会保障負担は1.8％に低下する。社会保障負担の低下は、賃金の伸びの鈍化と関係する。その結果、社会保障給付と負担との差額が全給付額に占める割合は、1980年の34％から2001年の40.5％、2009年の48.6％へと拡大した。この拡大は公費負担増加

図表2.20 社会保障給付費と財源

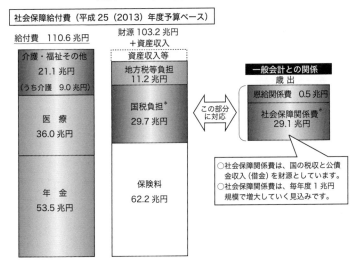

出典：財務省『日本の財務関係資料(平成25年10月)』42頁。

72　第1部　日本国内の視点から

の圧力となっている。

　こうした高齢化による社会保障関係費の増大もあり、一般会計の歳出額は1984年以降増加傾向を示しているが、他方、一般会計の税収はそれに見合った伸びをしておらず、その差を埋めるために多額の国債を発行するという構造がここ近年継続している（図表2.23）。その結果、国および地方の長期債務残高、つまり借金は約1010兆円に達している。この長期債務残高は、GDPの何割かという視点から国際比較をすれば、図表2.24に示すように日本は232％という高い数値を示しており、国際的に突出してい

図表2.21　社会保障給付費と社会保険料収入の推移

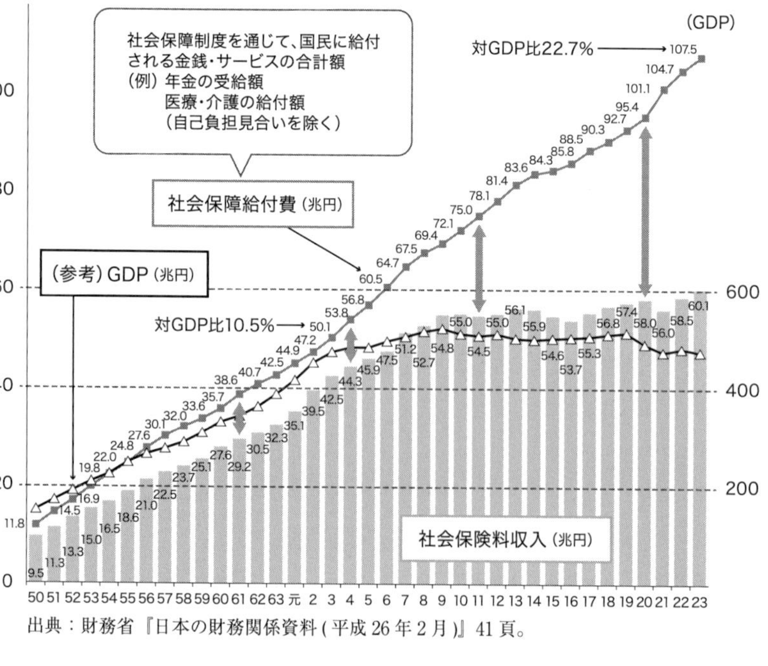

出典：財務省『日本の財務関係資料（平成26年2月）』41頁。

るといえる[34]。

　この長期債務残高は、社会保障に対して直接的な影響を与える重要な問題である。この問題は、社会保障と税の一体改革として、消費増税の必要性と関連されて議論されることが比較的多いが、こうした議論は、長期債務残高の問題が解決可能であることを前提としており、債務が返済可能であること、または少なくともプライマリー・バランスの長期の黒字化が達成可能であることを前提としていると思われる。果たして、そうであろうか。この点に関しては、過去800年における諸外国の政府債務に関するデータを分析した研究が出されているので、次にその研究に基づいて考察を加える。

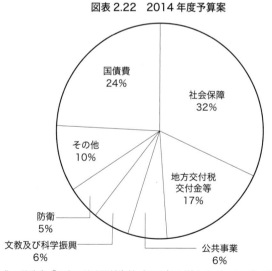

図表2.22　2014年度予算案

出典：財務省『日本の財政関係資料（2014年2月）』のデータに基づき筆者が作成。

74　第1部　日本国内の視点から

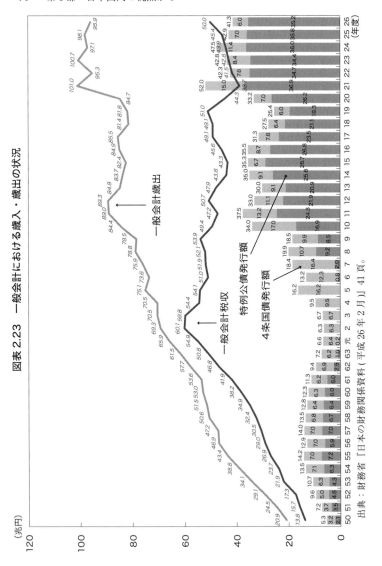

図表 2.23　一般会計における歳入・歳出の状況

出典：財務省『日本の財務関係資料（平成26年2月）』41頁。

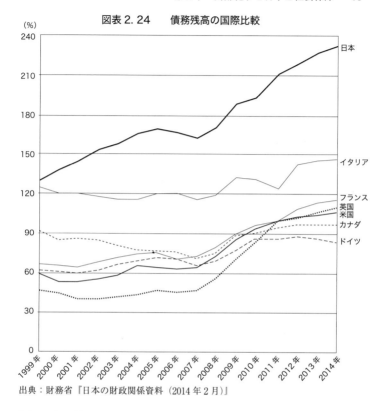

図表2.24　債務残高の国際比較

出典：財務省『日本の財政関係資料（2014年2月）』

(2) 政府債務に関する歴史的研究

過去800年にわたって世界66カ国のデータを収集し、公的債務危機と銀行危機について体系的かつ定量的に分析した研究が発表されている[35]。この研究は以下のように分析をしている。

(i) 歴史的分析

1800年から2009年にかけて、対外債務（国が国外から借りた借金）のデフォルト（債務不履行）は少なくとも250回、国内債務のデフォルトは68回あった[36]。世界のほぼすべての国が新興市場国だった時期に少なくとも1回はデフォルトを経験しており、この意味でデフォルトは決して稀なことではない。デフォルトの回数が一番多いのはスペインであり、19世紀だけで8回、それ

図表2.25 デフォルトまたはリスケジューリングの件数（独立年〜2008年）

国　名	デフォルトまたはリスケジューリングの件数
スペイン	13
ベネズエラ	10
ブラジル、チリ、コスタリカ、エクアドル	9
フランス、ドイツ、メキシコ、ペルー、ウルグアイ	8
オーストリア、ハンガリー、アルゼンチン、コロンビア、ドミニカ共和国、グアテマラ	7
ポルトガル、トルコ、ニカラグア、パラグアイ	6
ナイジェリア、ギリシャ、ロシア、ボリビア、エルサルバドル	5
モロッコ、インドネシア	4
南アフリカ、インド、ポーランド、ルーマニア、ホンジュラス、パナマ	3
中央アフリカ共和国、コートジボワール、エジプト、ケニア、ジンバブエ、中国、スリランカ	2
アルジェリア、アンゴラ、チュニジア、ザンビア、日本、ミャンマー、フィリピン、イタリア、オランダ	1

注）：リスケジューリングとは、合意による債務の一部不履行を実質的に指す。
出典：カーメン・M・ラインハート、ケネス・S・ロゴフ著、村井章子訳『国家は破綻する　金融危機の800年』（日経BP社、2011年）（以下、『国家は破綻する』と略す）に基づき筆者が作成。

以前の300年間においても6回デフォルトを起こしている(図表2.25)。18世紀以前では、フランスが最も多くデフォルトを起こしており、1500年から1800年までの間に合計8回、債務を返済せずに済ませている[37]。1768年から1774年にフランスの蔵相を務めたアベー・テレは、政府は少なくとも100年に一度は財政均衡を回復するためにデフォルトを起こさなければならない、と

図表2.26 19世紀以降のインフレによるデフォルト(1800〜2008年)

国　名	対象期間開始年	インフレ率20%以上の期間の比率(%)	インフレ率40%以上の期間の比率(%)	最高インフレ率(年率、%)	最高インフレ率を記録した年
ジンバブエ	1920	23	14	66000	2008
ポーランド	1800	28	18	51699	1923
ロシア	1854	36	26	13548	1923
ニカラグア	1938	30	17	13110	1987
ボリビア	1937	39	20	11750	1985
ペルー	1800	16	11	7481	1990
アンゴラ	1915	53	44	4416	1996
アルゼンチン	1800	24	16	3080	1989
ブラジル	1800	28	18	2948	1990
オーストリア	1800	21	12	1733	1922
中国	1800	19	14	1579	1947
インドネシア	1819	19	10	940	1966
日本	1819	12	5	568	1945
イタリア	1800	11	6	491	1944
チリ	1800	20	6	470	1973
フィンランド	1861	6	3	242	1918
韓国	1800	35	25	210	1951

出典:『国家は破綻する』に基づき筆者が作成。最高インフレ率200%以上のものに限定した。

放言した[38]。しかし、近年、国際通貨基金（IMF）や世界銀行をはじめとする公的機関による大規模介入が行われるようになり、デフォルトは形のうえでは少なくなった。

人類最初のデフォルトは、紀元前4世紀の古代ギリシャでシラクサ王ディオニシウスが行ったとされる。ディオニシウスは、強制的に国中の貨幣を集め、1ドグマ通貨に2ドグマと印字し、それを債権者（貸主）に渡すことで借金を返済した。この行為は、通貨供給量を2倍にするものであり、物価水準が2倍（インフレ率100%）になったと想像される。

古くから国家は、国内債務（場合によっては対外債務）の返済を回避するためにインフレを利用してきた（図表2.26）[39]。こうしたインフレを介した実質上のデフォルトは、金属通貨から不換紙幣に替わった後に次第に増加している。対外債務のデフォルトとインフレとの密接な関係は、現代に入ってから極めて長く続いた。1900年から2007年におけるデフォルトとインフレとの相関係数[40]は0.39であるが、1940年以降では、倍近い0.75になっており、強い相関関係を示している。

(ii) インフレと社会保障財政

上記の研究によれば、現代における多額の政府債務、特に対外債務は、インフレによって事実上、返済されないことが多いことが明らかとなった。実際、日本も意図的か否かはともかく、インフレによって債務の返済を逃れた過去がある。第2次世界大戦後、政府債務の対GDP比が199.1%に達していたが、政府は傾斜生産方式を採用して日銀から調達した資金を石炭・鉄鋼産業に重

点的に投入した。その結果、1945年から1949年の3年半の間で、物価が98倍になるというインフレを経験した[41]。その際、終戦直後の国債残高は一般会計総額の5倍程度であったが、インフレによって約4分の1にまで低下した[42]。

また、この研究は、歴史的に見て、対外債務の対GDP比が高い国が、高度成長または長期にわたる多額の返済を通じて、その状態を脱した例は、極めて稀であるとも指摘する。

日本の政府債務はほとんどが国内債務であり、事情を異にする部分はあるものの、多額の政府債務によりインフレ圧力が高まる傾向にあるとはいえそうである。インフレそのものは、債務問題を本質的に解決するものではないため、今後も社会保障財政にとって厳しい状況が続くものと思われる。

高齢化への対策

以上の検討を総括する意味で、今後、高齢化が急速に進む日本が社会保障に関して取るべき対策について検討をしてみたい。この点については、社会保障の各制度に関して詳細な政策案、改革案が多方面から提言されているが、やや大きな視点でとらえてみたい。

まず、政策提言を見渡すと、社会保障財政の悪化を懸念するものが比較的多いように思われる。たとえば、持続可能な社会保障の構築のためには、負担の裾野を拡げ、給付の増加を抑えるべきであるとして、①増加する負担を担う支え手を増やすこと、②高齢者も能力に応じ負担を分かち合うこと、③給付の在り方を見直し効率化することにより給付全体の増加をできる限り抑えるこ

と、の3つを主張する見解がある[43]。特に社会保障給付の削減を強く主張するものとしては、財政危機に直面した欧州が消費増税の断行を一挙に行ったのとは対照的に、日本は短期的視点から負担増と便益の減少を嫌って迅速に改革を行うことができなかったと指摘したうえで、社会保障制度に関して日本は長期的視点に立って、高齢者の既得権益に切り込んでいく改革を行うべきであるとする見解[44]があるほか、高齢化にともない拡大が見込まれる高齢者関連支出をコントロールしていく必要があるとの認識を示したうえで、高齢者のニーズを的確に把握し、民間部門が担えるものは民間部門が担うべきであるとする見解もある[45]。

また、資産格差に注目する見解[46]もある。この見解は、高齢者は若年時の資産格差によって生活状況が大きく影響されるため、若年者以上に資産格差が大きくなり、資産の少ない高齢者の生活を守るためには多額の財政負担が必要であるとの認識を示す。そのうえで資産課税については現在の相続税のように死亡時に資産再配分をするのでは、平均寿命が伸びた結果、相続をする者の年齢も60歳以上となっているため、再配分の時期が遅すぎるとし、フランスやドイツ等で導入されている富裕税のように毎年低い税負担で資産に課税する経常的財産税が適切であると強調する[47]。

こうしてみると、高齢化によって悪化する社会保障財政の問題を解決するための「魔法」は現時点においてはないようである。給付を削減するか、または負担を増やすか、どちらにしても国民にとって不都合な事実を真摯に受け止めなければならない。

おわりに

　高齢化により高齢者の貧困が今後、社会問題化することが予想されるが、貧困対策や所得格差を解消する政策は、貧困層に対しては利益を与え、それ以外の富裕層や中間層に対しては不利益を与えるものとの見方が一部では根強いようである。努力が報われない社会はおかしい、平等化は社会の活性化を阻害する、などと考える人も多いであろう。

　それに対して、所得格差に関するウィルキンソンの分析は、所得格差の縮小が高所得者に単に不利益を与えるものではなく、高所得者を含めた社会全体にとって利益になることを示している。このウィルキンソンの分析は、貧困層の人権や機会均等論、同情論の視点からではなく、所得格差と健康、精神疾患の関係など、社会疫学の視点から社会全体に対する影響を分析している点において刮目に値するものといえる。

　日本の多額の政府債務は、返済するにせよ、デフォルトや事実上のデフォルトであるインフレによって対応するにせよ、国民生活に大きな負担を課す可能性があり、財政の健全化は喫緊の課題となっている。こうしたなかで今後も厳しい状況が継続すると予測される社会保障財政に関しては、高齢者のための給付を削減し、また高齢者にも応分の負担を求めるべきだとする声も強い。しかしながら、高齢者に対して一律に給付を削減し、負担を増やせば、高齢者の貧困化をますます加速させるおそれがある。困窮度や負担能力等を十分に見分けたうえで、必要のある高齢者には

給付が確実に支給されるように保障する必要がある。

　かつて日本は総中流社会と呼ばれていた時代があったが、多くの人にとって住みやすい社会とはどんな社会であろうか。格差の大きい社会であろうか、それとも格差の少ない社会であろうか。われわれは、たゆむことなく住みやすい社会を目指して行かなければならない。

【注】

1) 出典が異なるため、数値に若干の違いが生じている。
2) 韓国では日本を上回る速度で高齢化が進行しており、2060年には高齢化率が37％に達すると見込まれている。内閣府編『高齢社会白書』（日経印刷、平成26年版、2014年）11頁。
3) この高齢化のスピードの違いは、基本的には出生率低下のスピードの違いによる。19世紀のフランスの高齢化が緩やかであったのは、その出生率低下が緩やかであったためであり、逆に、1970年代以降の日本の高齢化のスピードが速かったのは、その出生率の低下が1950年代に一気に生じたからである。少子化については後述する。
4) 内閣府・前掲注2) 7頁。
5) 金子勇編著『高齢化と少子社会』（ミネルヴァ書房、2002年）46頁。
6) 安定人口モデルでは、外部と人口の出入りのない封鎖人口の条件の下で、年齢別の出生・死亡パターンが一定のまま経過することを仮定する。この仮定の下では、最初の年齢構造に関係なく、最終的には、人口増加率が一定で年齢構造が不変の安定人口の状態に収束する。このモデルは、ロトカ（Lotka, A. J.）等により提唱された。
7) Ansley J. Coale, *How the Age Distribution of a Human Population is Determined*, 22 COLD SPRING HARBOR SYMPOSIA ON QUANTITATIVE BIOLOGY. 83 (1957).
8) 増田雅暢編著『世界の介護保障』（法律文化社、2008年）37頁。
9) 金子・前掲注5) 46頁。なお、日本では、1870年頃から1940年頃まで

に、合計特殊出生率が 5.0 から 4.0 に低下し、平均寿命は約 35 年から約 50 へと伸びたにもかかわらず、年齢構造は逆に若年化している。これは、当時の平均寿命の伸びの大部分が乳幼児死亡率の低下によるものであり、それが出生率の上昇とともに若年齢人口の増加をもたらしたためである。

10) 合計特殊出生率とは、ひとりの女性が一生の間に生む子の数をいう。厳密には、その年の 15〜49 歳までの女性の年齢別出生率を合計したものを指す。

11) 国立社会保障・人口問題研究所「日本の将来推計人口（平成 24 年 1 月推計）」。

12) 誤解しやすいが、生涯未婚率は一生涯未婚である者の割合を指すものではない。生涯未婚率は、「45〜49 歳」と「50〜54 歳」未婚率の平均値から、「50 歳時」の未婚率（結婚したことがない人の割合）を算出したものである。

13) 厚生労働省編『厚生労働白書』（日経印刷、平成 25 年版、2013 年）71 頁。

14) ここの記述は、金子・前掲注 5) 44 頁以下に追う。

15) 人口転換論は、ひとりの学者が構築したというよりは、20 世紀前半にフランスのランドリー、アメリカのトンプソン、ノートスタイン、デービス、イギリスのブラッカーらの複数の学者によって提唱された、異なる学説の集合体である。河野稠果『人口学への招待』（中央公論新社、第 3 版、2014 年）108 頁参照。

16) 金子・前掲注 5) 45 頁。

17) 人口置換水準の出生率とは、安定人口モデルにおいて人口増加率ゼロとなる出生率を指す。

18) 厚生省人口問題研究所「日本の将来人口推計（1976 年 11 月推計）」。

19) 稲垣誠一「高齢者の同居家族の変容と貧困率の将来見通し―結婚・離婚行動変化の影響評価―」『季刊社会保障研究』48 巻 4 号 396 頁（2013 年）。

20) 金子隆一ほか「日本の将来推計人口（平成 24 年 1 月推計）」『人口問題研究』68 巻 1 号 90 頁（2012 年）。

21) 稲垣・前掲注19) 401頁。
22) 稲垣・前掲注19) 402頁。
23) 稲垣・前掲注19) 402頁。
24) リチャード・G・ウィルキンソン著、池本幸生・片岡洋子・末原睦美訳『格差社会の衝撃 不健康な格差社会を健康にする法』（書籍工房早山、2009年）21頁。
25) リチャード・ウィルキンソン、ケイト・ピケット著、酒井泰介訳『平等社会 経済成長に代わる、次の目標』（東洋経済新報社、2010年）『平等社会』200頁。
26) ウィルキンソン・前掲注25) 23頁。
27) ウィルキンソン・前掲注25) 20-21頁。
28) ウィルキンソン・前掲注25) 11頁。
29) この所得再分配機能には、垂直的再分配機能と水平的再分配機能の2つがある。垂直的所得再分配機能は、高所得層から低所得層へ所得が再分配される機能であり、この機能を持つ代表的な社会保障制度は生活保護制度である。また、水平的所得再分配機能は、同一所得階層間において所得が再分配される機能であり、この機能を持つ代表的な社会保障制度は健康保険制度である。たとえば、健康保険制度では、所得が同じであれば同額の保険料が徴収され、その同一所得階層間において、健康保険給付というかたちで、健康な人から病気の人へ所得が再分配される。
30) ウィルキンソンは、不平等を引き下げるために最も大事なのは政治的意思であるとする。ウィルキンソン・前掲注24) 297頁。
31) 岩田正美『現代の貧困 ワーキングプア／ホームレス／生活保護』（筑摩書房、2007年）。
32) 基礎的財政収支（プライマリー・バランス）とは、税収・税外収入と、国債費（国債の元本返済や利子の支払いにあてられる費用）を除く歳出との収支のことをいう。その時点で必要とされる政策的経費を、その時点の税収等でどれだけ賄えているかを示す指標となる。
33) 加藤久和「社会保障財政の将来展望」『季刊社会保障研究』48巻4号371頁（2013年）。
34) 日本の債務残高は約1000兆円であるが、他方、約650兆円の資産を政府

は保有しており、債務残高の対GDP比は70％とみるべきだとする見解がある。高橋洋一『暴落しない国債、不要な増税「借金1000兆円」にだまされるな』(小学館、2012年) 51頁。この見解は、日本政府の資産650兆円のうち400兆円は金融資産であり、換金しづらい土地の資産は18兆円にすぎないとも指摘する。

35) カーメン・M・ラインハート、ケネス・S・ロゴフ著、村井章子訳『国家は破綻する　金融危機の800年』(日経BP社、2011年)。

36) ラインハート・前掲注35) 77頁。

37) 当時のフランスでは、対外債務のデフォルト中に国内の有力債権者を国王が処刑する習慣があり、このため国民はデフォルトのことを「瀉血(しゃけつ。静脈血の一部を抜く治療法のこと)」と呼んでいた。ラインハート・前掲注35) 150頁。

38) ラインハート・前掲注35) 151頁。

39) たとえば、借入期間を1年、年利1％として100万円を国が借りたとする。この場合、1年後に100万円に利息分1万円を加えて返済しなければならないのであるが、仮にこの1年間で物価が100倍になったとすれば、1年後に101万円を債権者(貸主)に渡したとしても、その101万円は実質的には100分の1の価値、すなわち1万円ほどの価値しかないということになる。こうしてインフレによって約99万円の借金の返済を国は免れることができるのである。

40) 相関係数とは、2つの値の関連性を調べる目安となる値を指す。1に近いほど関連性が強く、0に近いほど関連性が弱い。0.7を超えると強い相関関係を有するとされる。

41) 鈴木亘『財政危機と社会保障』(講談社、2010年) 32頁。傾斜生産方式開始前の1946年と終了した1949年を比べると東京小売物価指数は12.9倍になっている。野口悠紀雄『金融緩和で日本は破綻する』(ダイヤモンド社、2013年) 231頁参照。

42) 野口悠紀雄『大震災後の日本経済　100年に1度のターニングポイント』(ダイヤモンド社、2011年) 169頁。

43) 21世紀に向けての社会保障編集委員会編『21世紀に向けての社会保障　社会保障構造の在り方について考える有識者会議の記録』(中央法規

出版、2001年）。
44) 小笠原泰・渡辺智之『2050老人大国の現実　超高齢化・人口減少社会での社会システムデザインを考える』（東洋経済新報社、2012年）245頁。
45) 貝塚啓明・財務省財務総合政策研究所編著『持続可能な高齢社会を考える　官民の「選択と集中」を踏まえた対応』（中央経済社、2014年）7頁。ただし、この見解は、高齢化が進むなかで、社会保障制度の持続可能性を高めるためには、負担能力がある高齢者の自己負担を増やしたり、社会保障給付の効率化や削減を目指すことが必要であるものの、高齢化に伴い、有権者人口の年齢構成も著しく高齢化が進むため、その政策の実現は困難であるとの見通しを示す。
46) 高橋元監修、光多長温編『超高齢社会』（中央経済社、2012年）27頁。
47) 少子高齢化の本質的問題を格差問題としてとらえるものに、白波瀬佐和子編『変化する社会の不平等　少子高齢化にひそむ格差』（東京大学出版会、2006年）がある。

【参考文献】

リチャード・ウィルキンソン、ケイト・ピケット著、酒井泰介訳『平等社会　経済成長に代わる、次の目標』東洋経済新聞社、2010年。
リチャード・G・ウィルキンソン著、池本幸生・片岡洋子・末原睦美訳『格差社会の衝撃　不健康な格差社会を健康にする法』書籍工房早山、2009年。
岩田正美『現代の貧困　ワーキングプア／ホームレス／生活保護』筑摩書房、2007年。

第 2 部　世界の視点から

第 3 章　ウクライナ問題と EU
　—ベルリンの壁崩壊から四分の半世紀、
　　今、何が問われているか—

はじめに

　2014年2月、ウクライナ共和国の現職大統領の追放に始まったキエフ市内の争乱は、予想を遙かにこえ深刻な影響を国際関係に及ぼしている。その後に続く暫定政府の成立、クリミア半島での親ロシア派勢力による議会占拠、住民投票を経た3月18日のロシアによるクリミア自治共和国の併合は世界に衝撃を与えた。

　さらにウクライナ東部地区の分離独立要求勢力と政府軍との内戦の勃発は、その後何度かの停戦合意も無視され現在も戦闘がおさまっていない。これらの展開は、冷戦以来の東西対立の再来を喚起させ、ひいては第2次世界大戦後の国際秩序を激変しかねないとして多くの論議をひきおこしている。

　ウクライナの問題は、単なる1国家の内乱やソ連崩壊後のロシア周辺国家の抱える地域の問題にとどまらない。たしかにきっかけはウクライナ政府が国家の将来にEUとロシアのどちらを選択するか、という外交政策の選択であった。しかし、その本質には、世界各地で顕在化する民族問題の噴出と分離・独立運動の激化と同質の、国際・国内秩序において「何を頼み」とするかの選択が問われているといえる。

冷戦終焉後に盛んに喧伝された、「民主化、法の支配、人権」などの西側諸国の理念の拡大と浸透は果たして全ての地域に妥当であろうか。しかもこれらの西側の理念は「価値の共同体」としてのEUが基本原理として主張し、EU加盟を望む国や近隣諸国に強く求める理念である。

ウクライナの混乱をみるとき、われわれは、経済・政治体制のどういった「有り様」が、国家と国際秩序を安定させるのかという意味で大きな挑戦を投げかけられているともいえる。本章では、ウクライナとEUとの関係を軸に、国家・地域を含めた国内・国際秩序のあり方を視野におさめながら、以下では、まず、今回のウクライナ危機の展開を辿り、次いで、危機勃発に至るまでのウクライナ‐EU関係、それから、危機を生み出した背景としてウクライナとロシアの関係、さらに、内乱勃発後の国際的対応とEUという順序で、この問題を考えてみたい。

ウクライナ危機の展開
―バローゾEU委員長の危惧―

2014年2月19日、ウクライナ政府市庁舎で多数の死傷者をだしたデモ騒乱に際し、バローゾ欧州委員長は「この24時間、ウクライナで起こっている事態を見るにあたり、衝撃とひどい失望を抱いている。このような情景を合法化・正当化できるような状況などない。……政治的・制度的危機の解決方法として暴力を用いることを最も強い表現で非難する。基本的権利や自由が守られていることを保障する責任はその国の指導者にある。すべての当

事者に対し、暴力行為を即刻停止し、ウクライナの人々の抱く民主主義的願望に応える意義ある対話を開始することを求める。」[1]との声明を発表した。

　同委員長は、一連のウクライナ危機に対してそれが、ベルリンの壁崩壊以来、最大の脅威であり、1990年代のバルカン戦争に比べても不安定化を引き起こす可能性は高いとの見解を示した。一方で、同委員長は、この動乱の背景にはロシアの動きがあり、EU加盟国の対ロシア対応は政治・経済の同国の依存度から不統一で、一致団結した対応に合意することは「引き続き課題」であると指摘した。およそ25年前のベルリンの壁崩壊から冷戦構造が崩壊して以降、当時のデモによる騒乱を想起させる事態の深刻さと、EU機関と加盟国の軋轢からEUとしての対応に苦慮する様が浮き彫りにされている。

　2013年後半から急に悪化し、内乱状態に陥っている今回のウクライナ動乱の状況をまずは前後の事情を含め時系列的に簡略に振り返ってみる。

　ソ連崩壊により独立国家となったウクライナ共和国は、旧体制からの移行期に伴う政治・社会不安を抱えていたが、その最大の課題は総額700億ドル（約7兆円）を超える負債をかかえて不況に陥っている国家経済の抜本的立て直しであった。デフォルトを回避するため、国際通貨基金のみならず2国間支援を含め近隣諸国の援助に頼らざるを得ない歴代政権は、2004年頃を境に、EUをはじめとする西側諸国と旧ソ連時代以来のロシアとのどちらと手を組んでいくかが焦眉の案件となっていった。そうした中、2009年から数回にわたってロシアとのガス供給を巡る対立や、

大統領選での不正疑惑問題を引き金に親欧米派による「オレンジ革命」と称される民主化運動が起こり、ロシア離れからEUへの接近が強まっていった。ここからウクライナの将来について欧米派と親露派との対立が国内において顕在化することになる。

　エネルギーをロシアに依存するため親露派の抵抗も大きく、2010年、今度はロシア派とされるヤヌコーヴィッチ大統領率いる地域党政権が成立した。当初は、同政権も将来のEUへの参入を否定せず、ロシアとは実利的な協力は表明しながらもロシア主導のユーラシア関税同盟構想には距離を置き、急務としての経済不況打開のために国内のEU派の声にも配慮しながら、EUとの首脳会談や協力理事会を通じて連合協定への早期締結をめざしていた。その結果、2013年3月30日に、EUと自由貿易を柱とする「連合協定」に基本合意し仮調印を行った。ところが、正式調印を目指している11月23日にヤヌコーヴィッチ政権は、突如、ロシアから150億ドル相当の財政支援とエネルギー支援をうけると発表した。衝撃を受けたEUは、11月28〜29日にリトアニアのヴィリニスで開催された「東方パートナーシップ首脳会議」において、ウクライナに署名を迫ったがヤヌコーヴィッチ大統領は、連合協定に署名する意図は再確認しつつ、その時期を明確にしなかった。EU側が締結の条件として、大統領の政敵ティモシェンコ元首相の釈放を要求し、そのための法案審議の議会対策に失敗したこともあり、EUとの協定交渉は決裂した。

　この決定は親欧米派である野党の猛反発をひきおこし、大統領退陣を求め激しい抗議運動が展開された。聖職者を含む多くの市民の支持を得た反政府運動は、首都のキエフを中心に次第に広が

りを見せていった。当初は比較的平和的な抗議運動も「ネオ・ナチ」などの過激な民族主義グループや、明らかに戦闘訓練を持つ民兵や極右勢力などが参入して先鋭化し、ついにデモ隊は、事態収拾のために出動した治安部隊と激突し 100 人以上の死者も出る流血の惨事となり、反政府デモはウクライナの東部にも波及していく。

こうした危機的状況の中で、翌 2014 年 2 月 22 日、暴徒化したデモ隊が大統領政府市庁舎を占拠し、ヤヌコーヴィッチ大統領は行方不明となる。無政府状態に陥ったウクライナにおいて、翌 23 日、ウクライナ議会がヤヌコーヴィッチ大統領の解任を議決し、野党「祖国」のトゥルチノフを大統領代行に任命した。ここに暫定政権によって首都キエフの広場「独立広場」のウクライナ表記から「マイダン」革命と呼ばれる政変が生じた。

西側の報道機関は、この政変の主体グループを、民衆革命をめざす「デモ隊」と報じたが、ロシアのプーチン大統領は、暫定政権を支持する勢力を「テロリスト」や「ナチスト」と呼んで応酬した。ロシアからすれば、「マイダン革命」の背後には、米国や EU 側の扇動があると非難する。従来から、ウクライナ独立以降、旧ソ連地域諸国に親米政権を樹立させるために、米国の新保守主義（ネオコン）の資金援助が繰り返されているとの報道があり、ロシアはこの動きを強く糾弾していた。実際、2 月のキエフのデモ市民に、ネオコンの R. ケーガンを夫に持つヌーランド米国務次官補が、公然と援助物資を直接渡す姿が新聞紙上で報道され、EU の NGO がデモ隊に合計 15 万ユーロ（約 2000 万円）の活動資金を提供したという情報も流れた[2]。

2014年2月27日、今度はクリミア半島で親露派の武装集団が地方議会を占拠するという事態が発生する。ロシア政府が、依然正当な大統領であると主張するヤヌコーヴィッチ大統領が「クリミアに住んでいるロシア人の安全と生命を保護して欲しい」という要請を行い、それを根拠にロシアは、クリミア共和国の併合への動きを見せ始める。武装集団は、地元の親露派の住民からなる自警団や警察などが含まれているとされているが、その多くはマスクをした正体不明のグループで有り、ロシア軍関係者の参加が疑われていた。

このロシア軍関係者の介入の有様は、軍の制服を着用しつつも、所属は不明の非公然勢力の形をとっていた。それは明確な宣戦布告をすることなく、最初に情報機関の要員を侵入させ、続いて特殊な訓練を受けた特殊部隊が、地元民兵や自警団と一緒になったり、民兵を装ったりして、空港や行政機関などの要所を抑え制圧してしまうやり方である。これは、2008年のグルジア危機におけるロシア軍が他国の自国民の保護を図る伝統的な軍事作戦のパターンの経験と反省から生み出されたといわれている。この行動の根拠としてグルジア紛争後にメドヴェージェフ大統領は「外交政策の5原則」を発表し、そのなかでロシアの近隣地域に住むロシア国籍所有者の生命と尊厳を守るための軍事力行使が認められていた。(これを「ハイブリッド紛争」と称する。)[3]

クリミア半島危機に対して、オバマ米大統領は「ウクライナの主権を侵害した場合は、その代償が伴うだろう」と強く警告したが、2014年3月6日、クリミア地方議会はウクライナ離脱を決議してロシア連邦への編入を決定する。手続き的には、3月18

日に住民投票を行いロシアへの編入が賛成多数で承認された。これをうけて、プーチン大統領は、3月4日にはクリミアの併合は考えていないと公言していたにもかかわらず、4月17日に国民とのテレビ対話番組に出演し、3月1日以降に親露派の自警団の背後にロシア軍がクリミアへ展開したことを認め「開かれた住民投票を実施するためには、ほかの手段はなかった。」と語り、正式にロシアによるクリミア併合を宣言した。この武力による領土獲得は、「国家主権と領土の保全」という第2次世界大戦以降の原則をはじめて無視した事態として、国際社会に驚愕をもって受け取られ、G8メンバーからのロシアの締め出しや各国によるロシアへの非難が集中していく。

　これと前後して、4月7日、ロシア系住民の多いウクライナ東部ドネツク州でも、親露派の武装集団が当地の市庁舎を占拠して「ドネツク自治共和国」の建国を宣言する。そして親露派による選挙管理委員会が発足し、5月11日には完全な独立国家になることの賛否を問う住民投票が行われ、管理委員会は9割の賛成を得たと発表された。また隣のルガンスク人民共和国もそれに続く様相を呈した。この事態に、ウクライナ政府は、「反テロ作戦」と称する東部における武装集団へのウクライナ軍を投入し、ウクライナ国内は内戦状態に陥っていった[4]。

　ウクライナ政府と東部地区を武力で実効支配する親露派勢力との戦闘による一進一退の攻防が深まるなか、2014年5月25日にウクライナ大統領選挙が行われる。その結果、ウクライナ東部出身で親欧米派の「チョコレート王」と呼ばれる富豪P.ポロシェンコが選ばれる。ポロシェンコは欧米派といわれているが、もと

は親露派の「地域党」創設メンバーでもあり、2001年には欧米派のユシチェンコ大統領の政党「我がウクライナ」に参加、ヤヌコーヴィッチ政権のもとで外相や経済発展・貿易相も務めた経験を持つことから、現地の報道では、ロシアとの交渉でもバランス感覚にたけた現実主義者との評価がなされていた[5]。

　正式な手続きによる大統領選挙の結果をうけて、6月25日にウクライナ、ロシア、ドイツ、フランスの政府首脳間で停戦協議が行われ事態収拾への動きがみられた。それもつかの間、7月17日に親露派が制圧するドネック州上空で民間機のマレーシア航空機がミサイルによって撃墜されるという事件が起こった。この事件の真相は未だ不明であるが、これをきっかけにウクライナ政府・西側諸国とロシアとの関係は決定的に悪化する。米国の圧力のもとEU諸国の追加的対露経済制裁が実施され、フランスは、予定していたロシアへの急襲揚陸艦ミストラルの引き渡しを延期し、ドイツはロシアとの軍事演習を中止、NATOはロシアとの軍事交流を停止した。EUや米国による制裁強化のなか、7月17日にはロシア軍が本格介入に向かったという情報が複数のメディアで報じられた。ロシアは介入の事実を公には否定したが、NATOはウクライナに越境攻撃を開始した証拠としてロシア軍の衛星による写真を公開した。ポロシェンコ大統領もドネックに1,000人をこえるロシア軍が侵入していると発表、欧米諸国からの非難はさらに強まった。このロシアの直接介入の影響もあってウクライナ軍は劣勢に立たされ、8月19日にはドネック州を巡る本格的な市街戦の攻防が激化し、8月31日には政府軍は東部戦線から撤退し、さらに親露派武装勢力の西へ戦線拡大によって

3,000人以上とされる犠牲者がでる事態になった[6]。

このようにしてロシア軍の介入でウクライナ政府軍が守勢になる一方、ロシアでも欧米や国際社会からの非難と経済制裁深刻化によって、再度事態の収拾をめぐって、9月5日、ベラルーシのルカシェンコ大統領の仲介のもと、首都ミンスクでウクライナ政府とロシア政府が会合し、ようやくウクライナ東部の停戦合意が成立する。その条件として、ウクライナ東部のドネツク州とルガンスク州の両方に3年間にわたって「特別な地位」として一時的な自治権を与える法律を制定することをウクライナ政府が認めることが含まれていた。ただこの「特別な地位」をめぐって双方が対立・紛糾して具体的な中身は詰められなかった。また非合法な武装勢力や兵器、傭兵をウクライナ領土から撤退させること、欧州安保機構（OSCE）による停戦監視を行うという条件についても、「非合法な武装勢力」とはいかなる組織を意味するのか、について合意されなかった。

9月19日、今度はウクライナ政府と親露派武装勢力の代表が、東部ウクライナにおける停戦維持のための覚書に署名した。覚書は10項目からなり、現状の境界線から30キロの緩衝地帯を設置すること、戦闘地域からの大型武器の即時撤去、上空の飛行停止、傭兵を含む外国兵のウクライナ領内からの退去などが盛り込まれた[7]。

ポロシェンコ大統領は、とりあえず停戦が成立したことを国民にアピールして、10月26日にウクライナの議会選挙をおこなった。結果はポロシェンコ率いる与党が圧勝し、ウクライナ国民の信任を得たとの発表を行った。しかし、武装集団が実効支配する

ドネツク・ルガンスク両州では選挙を行うことができなかった。このため東部を支配する親露派は停戦合意を無視し、ウクライナ政府の強い警告にもかかわらず、11月2日に独自の選挙を強行し、実効支配をミンスクの合意の線をこえて拡大する姿勢を見せた。ポロシェンコ大統領は、この行動に対してすぐさま「特別な地位」を与える法律の取消で応じた。

その後、2014年末から翌年にかけて、何度か9月5日のミンスクの停戦合意の履行をめざし、ドイツ、フランス、ロシアとウクライナの4カ国を中心として共同文書の採択のための電話協議や直接会談による調整努力が続けられたが、散発的な戦闘や激しい戦闘がやむことは無く、東部では2014年4月以降の戦死者が国連の統計で5,500人を超える状況が続いた。

2015年2月12日、泥沼化するウクライナ東部の戦闘の停戦にむけ、メルケル独首相とオランド仏大統領が主導して、プーチン大統領、ポロシェンコ大統領の4首脳は再びミンスクで夜を徹した16時間に及ぶ異例のマラソン交渉を行い、停戦の合意にこぎつけた。停戦合意書には、ロシア、ウクライナ、OSCE（欧州安保機構）、親露派の代表が署名した。その内容は、前年9月の停戦合意の回復を支持し、OSCEによる停戦監視の強化や、停戦ラインに挟まれた緩衝地帯を設置して、親露派側が重火器を撤去するものであった。しかし、停戦が発効した2月15日以降も、散発的な戦闘は収まらず、合意の目玉だった重火器の撤去も実現せず、事態は今日まで沈静化していない。その後も合意違反の散発的戦闘や重火器の撤去も行われず、OSCEの監視団の活動も入れない地域が存在し、内戦状態はその後も続いている。

危機以前の EU - ウクライナ関係

　EUにとってウクライナを含む旧ソ連周辺諸国と旧東欧諸国の地域の安定はEUの地域安全保障のうえで死活的利益である。ウクライナ危機発生以前には、これら地域との関係はEUの拡大戦略のなかで語られてきた。EUは将来の加盟については経済・連合協定を結んできた。具体的にはEU加盟の可能性のある近隣諸国に対して、加盟の前段階としてまず、「安定化・連合プロセス」を適用するものである。EUが目指すのは「連合協定」を結ぶことによって、当該国における政治・経済・貿易に加え、人権状況の改善を図り、その見返りに加盟希望国はEU市場との関税の減免や財政的・技術的支援を受けられるという仕組みである。

　そもそもEUへの新規加盟を迎え入れるにはブリュッセルのEU機関と加盟国で認められた方針がある。それは、「民主主義や人権を推進することは、共同体が第三国に対して二国間協定（連合協定、パートナーシップと協力、安定・連携協定）を締結するときの援助計画に組み込まれており、コンディショナリティを主軸とすることは実務の現場で広く行われる」というものである。これはEUのアイデンティティや規範を確立するのに必要であると同時に、EU拡大のコストやリスクを最小限にする「安全弁」とされている[8]。

　この方針は1993年の欧州理事会の「コペンハーゲン基準」で確認されている。EU加盟のための基準として、①政治的基準、②経済的基準、③EU法の総体の受容（アキ・コミュノテールと

いわれる）である。加盟を望む国は「民主主義、法の支配、人権および少数民族の尊重と保護を保証する安定した諸制度を有すること」「市場経済が機能しており EU 域内での競争力と市場力に対応するだけの能力を有すること」が必要となる。この方針からすると、ウクライナの EU 接近および加盟をにらんで、同国の民主化を支援することは、「公平で平等な選挙」という制度導入を図るのみならず、より幅広い政治的・社会的な変革を目指すことを意味して、いわば「民主主義」を形式のみならず、実質的な欧米流の改革を求められることになる。そうなるとウクライナを始めとする旧ソ連を構成していた諸国は、政治・経済・社会体制の転換を伴い、とりわけこの条件で厳しいものとなる。

一般に EU の対外関係の中で、関税同盟や自由貿易協定を結んでいる国を除いた EU の近隣諸国との対外政策には、東野氏の指摘に依れば、いくつかのバリエーションがある[9]。

1つは冷戦崩壊後の旧中・東欧諸国を対象とした「連合協定」締結を目指す「欧州協定」といわれるものである。これらの国はベルリンの壁崩壊から旧体制を変更して EU 加盟を自ら熱望した国々であり、2004 年の第1次東方拡大から 2007 年までにポーランド、チェコ、スロバキア、ハンガリー、バルト3国、ブルガリア、ルーマニアなど全て EU 加盟を実現している。

次いで、EU のほうから地域安全保障の戦略的考慮により積極的に加盟を展望して働きかけた国々がある。その対象は冷戦以降に厳しい内戦を経験した旧ユーゴスラビア諸国である。このグループの中ではクロアチアが 2013 年に EU 加盟を果たしている。

最後のグループは、加盟国としての可能性は否定し、コペン

ハーゲン基準の対象外としながらも、関係強化の一手段として「欧州近隣諸国政策」や「パートナーシップ協力協定」の範疇で扱われた独立国家共同体（CIS）や地中海諸国などである。これらには、エジプト、ヨルダン、レバノンや、ウクライナ、グルジア、アゼルバイジャン、モルドヴァなどの旧ソ連諸国が対象であった。

　この3つのアプローチの戦略のなかで、EU‐ウクライナ関係の嚆矢となったのは、1998年に発効した「パートナーシップ協定（PCA）」である。この協定は、本来EUと旧ソ連諸国との間で締結された協定で、ウクライナだけでなくアルメニア、アゼルバイジャン、グルジア、モルドヴァとの間で締結され、自由貿易圏の構築と法規範をEU法に漸進的に調和させていくことを目的としていた。ところがこの協定は、すでにのべたように中・東欧諸国とで締結されてきた「欧州協定」と比べると加盟の可能性を認めず、その内容も著しく限定的であった。このため歴代ウクライナ政府は、EUとの間でPCAを超えるようなバイ・ラテラル関係を構築し、将来的には、EU加盟を睨んだ政策を模索していた。これに対して、加盟条件を管轄する欧州委員会は、ウクライナの市場経済開放度や人権などの国内現状をレポートして、ウクライナに対してまずはPCAの内容を着実に実行すべきであると応じて、長らく積極的な姿勢をみせなかった。その背景として、同国の内政の混乱（度重なる首相交代、不透明な議会解散と再選挙など）や社会問題がEUへ波及することへのEUの警戒があった。

　しかし、EUは2000年代に入るとウクライナとの関係構築に

積極的な姿勢をみせるようになる。2004年の中・東欧10カ国のEU加盟実現により、ウクライナは、新規加盟国のポーランド、スロバキア、ハンガリー、ルーマニアと国境を接することとなり、まさにEUの境界線に位置することになった。これらの新規EU加盟国にとっては、ウクライナを安定化し、同国との良好な政治・経済関係を維持していくことは最重要課題であった。このためこの東方拡大と前後して、あらためて旧ソ連諸国向けの政策の検討がEU内部で始まり、それが2003年の「欧州近隣諸国政策（ENP）」にまとめられる。このENPは、当面はEUの拡大の対象とはならないようなEU周辺諸国との関係調整をはかるとういうものであった。当初は旧ソ連諸国だけが対象とされる予定であったが、のちにモロッコなどの地中海諸国もこの枠組みに加わった。さらに、2004年の「オレンジ革命」による親欧米派の勢力もEUの接近に寄与した。この革命で成立した「親欧的」なユーシェンコ政権の成立はEUでも大いに歓迎され、ウクライナとEUの関係を一段と強化することが新政権を支援する最良の方法であるという認識がEU内部に広まった。ただし、一方で、当時のユーシェンコ政権がEUへの加盟希望を明確に表明することは、EUにとって悩ましい問題でもあった。当時進行中であった中・東欧への「拡大疲れ」もみられ、ウクライナのEU加盟を早急に実現する余力には疑問が投げかけられていた。このためEUは苦肉の策として、ウクライナのEU加盟問題は当面検討しないことを明言しつつ、ウクライナの要望に応えるかたちで、前述のPCAの後継となるような新たな連合協定交渉の開始を検討しはじめる。しかし同時に、「当面」EU拡大の対象としては扱わな

いというスタンスがどの程度持続可能なのかについては、EU 内で欧州近隣諸国政策スタート時以来見解が分かれる問題となっていた。

　こうした経緯の中、2008 年 7 月 22 日に EU とウクライナは、安定化と連合型の協定を結ぶ方針を示して翌月から交渉を開始した。これが、ヤヌコーヴィッチ政権下での 2012 年 3 月 30 日、双方の基本合意のもと EU‐ウクライナの「連合協定」の仮調印となった。この「連合協定」は、従来と異なった新しい内容を含み、「政治対話と外交安全保障政策」、「司法・自由・安保」、「経済部門協力」、そして「深く包括的な自由貿易協定（DCFTA）」という 4 つの柱で構成された。最後の DCFTA は連合協定の一部ではあるものの、連合協定とは別途交渉して締結されるとされた。通常の自由貿易協定の要素に加えて、対象国の通商関連法制を EU 基準や EU 法の体系に近づける（アキ・コミュノテール）ための支援措置が含まれているのが DCFTA の特徴である。DCFTA 交渉開始のための条件は対象国が WTO に加入していることであったが、ウクライナは 2008 年 5 月に WTO 加盟を実現させていた[10]。ところで、ウクライナの WTO 加盟から交渉が開始された直後の 2008 年 8 月 7 日、ENP の対象国の 1 つであったグルジアがロシアと武力衝突に至ったという事態は、欧州近隣諸国の安定と平和の実現を最大の目標として掲げてきた EU の欧州近隣諸国政策（ENP）の存在そのものの意義も揺るがすことになった。さらに、グルジアの次にはウクライナがロシアの攻撃対象となるかもしれないとする危機感も EU の一部で存在していた。

そこで、EU は ENP に参加している旧ソ連諸国との関係構築に焦点を絞った「東方パートナーシップ」の構築に着手する。これはとくにこの地域に死活的関心をもつ、ポーランドとスウェーデンを中心に主導され、ENP を補完し、旧ソ連諸国との交渉は、単独で行うのではなく、必ず EU を通じて行うことを約束し、同地域との交渉に際して EU 内の結束を図るというものであった。この枠組みのもと EU は対象国間で新たな協力を行うと同時に、対象国を EU のガバナンス基準に近づけるための支援を行うことになった。これが 2013 年 11 月 23 日の EU による「東方パートナーシップ首脳会議」の呼びかけまでの経緯と背景である[11]。

以上、危機以前の EU－ウクライナ関係を概観してきたように、EU の対ウクライナ対策は、2004 年の第 1 次東方拡大による地政学的変化、ウクライナの国内革命、グルジア紛争による安全保障の不安定化に後押しされる形で展開してきた。地政学的にもエネルギー安全保障の観点からも、ウクライナが EU の近隣諸国政策の最も重要な対象であるという点については、EU 内でほぼコンセンサスが形成されていた。一方、ウクライナの将来的な EU 加盟の可能性については EU 内部でも見解の相違が顕著であり、EU の公的な立場としては、ウクライナとの関係構築の長期目標を「EU との経済的統合と政治的連合」と設定することで、同国の EU 加盟については対ロシアとの関係から直接言及は避けて慎重な対応に終始したといえよう。

2010 年に親露派のヤヌコーヴィッチ大統領が就任した際には、ロシア派の政権の登場を懸念する声が EU 内部でも上がったが、当初のヤヌコーヴィッチは連合協定交渉を継続することを約束し

ており、EUと同政権との交渉は、表面上はさしたる問題なく継続されていた。

ただ、EUは、ウクライナの財政状況や産業構造、腐敗や汚職などの諸問題に対する改善を協定の条件に加えていた。中でもEUが懸念していたのはティモシェンコ元首相の政治犯としての収監問題であった。「東方パートナーシップ首脳会談」において、DCFTAを含む連合協定への署名に関しては、人権状況の改善のなかで、明確に、ティモシェンコの解放が協定の署名の条件として提示されていたのである。しかし、ヤヌコーヴィッチ大統領は、ティモシェンコの解放を目指す法律の制定を議会に通すことができなかった。そして、「東方パートナーシップ首脳会議」の呼びかけを袖にして、ソ連との援助協定を結んだのである[12]。

もちろん、国内改革の成否の責任はウクライナ国内の当事者たちにある。しかし、ENPの開始から10年以上、さらにENPを補完する「東方パートナーシップ構想の開始から5年以上経過してもなお、同国の改革がほとんど成果をみせるにいたらなかったことは、EUの対ウクライナ関与の問題点も指摘しうる。たしかに、これまで中・東欧諸国や旧ユーゴスラビア諸国との関係構築においては連合協定がそれなりの経験と成果を挙げていた。EUへの接近を希望する国々は、同協定の締結を強く求めその交渉・締結・署名に至るプロセスと並行して国内改革を強力に推し進めてきた。域外国にとって連合協定そのものが強力なインセンティブとして機能する。このように連合協定締結の過程で要求される各種の改革を対象国が着実に実行に移していけば、それが結果的にEUとの関係強化につながるという共通点が存在した。しか

し、ウクライナの状況は、連合協定締結戦略による改革を期待するにはあまりにも多くの問題点を抱えすぎていたといえよう[13]。その問題を考えるためにはその背景と原因についての考察が必要であろう。それを次節で検討したい。

危機の背景
―ウクライナとロシアの歴史的紐帯と複雑性―

　現在のウクライナ共和国は、ソ連崩壊後に誕生した人口 4,600 万人ほど、面積では世界 45 位の広さをもつロシアにつぐスラブの大国である。かつてはヨーロッパの穀倉地帯ともいわれ、西側はポーランド王国の支配を経験し、一方東側はガスなどの地下資源が多く、旧ソ連に占領された歴史があることから、東西の地域で産業構造や民族構成に違いがある。最近の調査ではウクライナ語を話すウクライナ人は 77％、ついでロシア人 17％とその他の少数民族となっているが、時代と地域による比率の変遷もあり、なかでも東部ウクライナではロシア語を母国語とするものが約 50％、国勢調査で自らを「ロシア人」と申告する者も平均 30％とロシア系住民の優勢がいわれている。

　1945 年の国連創設時に、ウクライナは 51 カ国の原加盟国の立場で国連憲章に署名した国である。また 2 度にわたって安全保障理事会理事国となり、常任理事国のソ連と理事会で協働した。つまりソビエト連邦を構成する 14 の共和国の 1 つでありながら、同時に国連総会では投票権をもつ締約国としての「国家」という立場だったのである。またソ連時代には、核施設も置かれ、ソ連

崩壊の起因のひとつになったチェルノブイリ原子力発電所もあり、今なおウクライナの国家予算の1割をかけて事後対策をしなければならない負の遺産も継承している。

　こうした歴史的背景は、ウクライナとロシアとの特殊な関係の重要性を浮き彫りにしている。以下では、それを3つの視点、すなわち、歴史を共有する問題、民族問題、エネルギー安全保障の面から論じてみたい。

　まず、第1に、歴史的にウクライナとロシアとの紐帯は、10世紀に首都のキエフ・ルーシ国家がキリスト教の一派である東方正教を受け入れたことによる。ロシアの起源とも称されるキエフという聖地を中心に、ルーシ国家群の発祥地としてベラ（白）ルーシ国家とともにロシアとの宗教的なつながりは深い。こうした経緯からウクライナはロシアの「兄弟国」と称される一方、愛憎半ばする複雑な関係を持つ。この「兄弟国」としてのウクライナは1991年にソ連から独立して以来、ロシアとヨーロッパの間で揺れ動く。ただ、一見、ウクライナの政権は、親露派と新欧米派といった二元論的なレッテルで語られることが多いが必ずしもそうした一面ではつとまらない面があるとソ連研究者の下斗米氏は指摘する。たとえば、親露派のヤヌコーヴィッチ政権においても、ロシア一辺倒ではなく、ロシアと欧州との二元外交としてのEUとの交渉を最後まで模索しているし、ヤヌコーヴィッチの政敵とされるティモシェンコ元首相が、ヤヌコーヴィッチ政権下の2011年に政治犯として拘束されたのも「ティモシェンコが"親欧米派"だから」というより、直接の容疑はロシアとの天然ガス契約に関連して、ティモシェンコが職権を濫用したことが理由と

なっていた。政権内の汚職と腐敗はウクライナの病巣である。ティモシェンコはプーチン氏とも良好な関係を築いており、単純に親露派だからと失脚されたのではないという[14]。ウクライナも通常の主権国家として自国の利益を追求する観点から、必要とあればロシアにも近づくし、EUにも近づく現実主義的性格を持っていることは当然であろう。

　さらにより広い国際関係の観点からいえば、同じく社会主義体制から資本主義体制になったにもかかわらず、ロシアが西側諸国とウクライナをめぐって深刻に対立する原因には、ソ連解体直後の国民国家形成の枠組みと地域の安全保障問題がある。崩壊後の旧ソ連地域の秩序をめぐっては米ロ間で対立が生じていた。ウクライナなどの近隣諸国によってあらたに出現した独立国家共同体（CIS）への対応をめぐって米国など西側諸国とロシアとの対立が生じる。あきらかにロシアは独立国家共同体（CIS）を梃子に、ロシア主導で旧ソ連地域の一体性を保全しようとした。CISはにわかづくりの法的な国家共同体であったこともあり、ロシアとの連合か、独立性かCISの性格をめぐって様々な論争が繰り広げられた。その焦点の1つが、ウクライナとロシアの関係をめぐっての綱引きであった。この論争の決着がつかないまま、ウクライナはCIS憲章を批准しないまま、1993年に他の旧ソ連諸国の中で最後に客員（非公式）参加国となり、今回の危機による混乱のなかで、2014年3月19日にCISからの脱退宣言をしている。

　ロシアからすればソ連崩壊による国境画定によって、当時ウクライナ領内に住んでいた1,100万人ほどのロシア人やロシア語話者が、一夜にしてウクライナ国民という、いわば別個の、しかも

その中での「二級市民」になったことが問題であった。ソ連時代まで共通語であったロシア語が、独立後は大統領も満足にしゃべれないウクライナ語が国語としてロシア人にも強要されることになったのである。これは、ウクライナだけでなくバルト三国の独立でも生じたソ連時代に入植したロシア系住民の権利をめぐる問題でもある。

これが、第2の視点、ロシアとロシア系住民の処遇をめぐる民族問題である。ロシアにとってはこの問題は深刻であり、ひいては近年の一連のグルジア、クリミア、今回のウクライナ紛争と続くロシアの外交を通奏低音として一貫して規定する困難な要因となっている。それをロシアの外交における失地回復主義とディアスポラ（原住地を離れた人々、離散民族）政治と称する。以下、民族問題の視点からこれを論じた六鹿氏の研究にそって敷衍してみよう。

ロシアにとっては、ソ連の崩壊で領土はおよそ17世紀のロシア帝政時の領土まで縮小され、2,500万人を超えるロシア系ディアスポラが旧ソ連諸国への残留を余儀なくされた。その結果、ロシア連邦の国境線とロシア系民族の境界線に大きな「乖離」が生じた。この乖離を解決する方法は2つ存在した。1つは、ディアスポラの協力を得て失地回復に乗り出すことであり、もう1つは、現存国家領土の中でロシア国民国家建設を進めつつ、「近い外国」に残されたディアスポラとの「共同体」を築くことである。この2つの解決策のため、ロシアの政府内政治勢力には、外交をめぐる「新国家建設」、「統合論」、「覇権主義」や「エスノナショナリズム」、「復古主義」が採用されてきたという[15]。これ

らの主義の違いは、あくまで将来の国境の変更を主張するか、現存の国家主権と領土保全の立場をとりながらも、ロシア系住民の人権と文化的紐帯を優先したロシア共同体の創設を目指し、ユーラシア地域の経済統合と安全保障協力を唱えて経済統合のなかでディアスポラ問題を自然に消滅させようとするかである。

　エリツィン大統領の1993年にロシア系同胞の保護手段を目的とする二重国籍政策が導入された。1994年にコーズィレフ外相は、「近い外国」におけるロシア系同胞の権利保護はロシア外交の主要な戦略的任務であり、二重国籍の付与は同任務を遂行するための重要な手段であると明言した。この時期に政府が二重国籍を挿入したもう1つの狙いは、1994～96年のロシアへの移民が80万人以上に達したため、二重国籍を付与することで彼らをホーム国家に留まらせることにあったという。ところが、旧ソ連諸国はこのロシアの二重国籍政策に反発する。新独立国家においては、国籍は新しいアイデンティティ形成に重要な役割を果たすため、二重国籍がその形成の阻害要因になるのではないかと恐れたとされる。当然、二重国籍がロシアの支配力強化の道具になるのではないかとの懸念もあった。それゆえ、二重国籍付与の条約締結交渉はトゥルクメニスタンとタジキスタン以外成功せず、ロシア系ディアスポラの四分の三を占めるウクライナ、ベラルーシ、カザフスタンとの協定交渉は不成功に終わる。ロシア政府はそれでも1998年以降、一方的にロシア国籍を付与する政策に切り替え、発効手続きも簡略化したため、1992～96年にかけて近い外国居住者の90万人がロシア国籍を取得したといわれる。

　また、「外国の同胞」概念もエリツィン政権で導入された。「同

胞」とはロシア連邦以外の国にすむロシアとの歴史的、文化的、言語的繋がりを感じている人々である。具体的には、以下の3つのカテゴリーの人々が対象とされた。近い外国に居住するロシア国民、無国籍者など新しい国籍を有していない旧ソ連国民、ホスト国の国籍を持っているが、自身のロシアとの紐帯を維持したい人々である。ロシア系住民を他国に住む少数民族ではなく、ロシアの同胞として概念化する利点は、旧ソ連のロシア系ディアスポラをロシアの国内問題として取り扱うことが可能になることである。この「外国の同胞」概念は、ロシアの法律や国家計画を介して具体化されていった。1999年に発効した「外国の同胞に対する国家政策に関する連邦法」によれば、その定義では「外国の同胞」とは、1）外国に永住するロシア国民、2）旧ソ連構成共和国に住む旧ソ連市民で、居住国の永住権をもつか無国籍者、3）旧ソ連やロシアからの移住者で、居住国の永住権を持つか無国籍者、4）外国の基幹民族以外の同胞の子孫、である。これを根拠にロシアは、ロシア固有の文化の維持と多文化主義の推進、同胞の権利と利益を保護するための手段として、国際人権法と経済制裁の導入、ロシア語のTV放送やロシア文化センターの設置による文化的結びつきの強化、多数の同胞を雇用するロシア系企業家との関係強化をはかっていった。同時にロシア系住民の法的地位、ロシア語の第二国家語化、人権委員会の設置などを近隣外国に要求した[16]。

　この外交理念と国内政策は当然ながらウクライナでも、在住ロシア系同胞に対して一種のソフト・パワーとしての行使に利用された。しかし、こうしたロシアの圧力は、当然ながら国内のウク

ライナ系住民との間で、反発と緊張をもたらす。二重国籍を認める条約草案について、2004年にクチマ大統領とヤヌコーヴィッチ大統領候補が、同年秋の大統領選挙においてロシア系住民の票を獲得するために、一旦、草案作成に同意する動きもみせるが、その後の親欧米派による「オレンジ革命」によって否定された。そして、今回「マイダン革命」でロシアのソフト・パワー的なこのアプローチは挫折することになる。

　ウクライナに対する外国からの影響を考える際には、米国や西側諸国に在住するウクライナ系移民の存在がある。ウクライナへの米国の強気な介入には、対ロ政策における彼ら移民のロビー活動にあるという指摘もある。ブッシュ政権下の安全保障担当補佐官であったスコウクロフトは、ソ連崩壊にはカナダ政府およびその背後のウクライナ移民が一役かったと示唆している。当時のカナダには120万人にも及ぶウクライナ移民が存在し、彼らの圧力をうける形で、カナダ政府はウクライナ独立を支援したという。たしかに米国やカナダなどにはポーランドやウクライナといったロシアに不満を抱えてきた東欧諸国の移民が多い。それに比較すると北米にはロシア系移民や正教系の人口が少ないため、圧倒的に少数派である親露系の声が、米国の外交政策に反映させる局面は少ないといわれる。ちなみに1996年、クリントン政権が、NATOの東方拡大を決めたのも、東欧系移民の影響によるものであり、またクリントン大統領が大統領選挙で再選されるためには、ポーランド系が持つ600万票が必要だったという指摘もある[17]。

　最後に第3の視点として、ロシアのウクライナへの強い関与の

経済的要素にはエネルギー安全保障問題がある。ロシアにおける本格的な天然ガス生産の発展は、1996年の冷戦期の西ドイツの積極的な東方外交に始まるといわれる。当時のブラント政権が西シベリア開発に必要な資機材を提供して、その対価としてガスを供給するというコンペンセーション協定が締結された。最初のガスパイプラインは、ソ連からウクライナを経てオーストリア東部を経由し、西ドイツのバイエルン州にいたるものであった。その後、イタリアも同様の方式でソ連からの天然ガスを輸入するようになり、ソ連におけるガス生産の3割が西欧に輸出されるようになった。すなわち、ソ連の天然ガス生産、西欧への輸出、パイプライン建設は手を携えて進められ、パイプラインや備蓄施設の建設というインフラと、長期契約を基礎とする価格フォーミュラという共通制度を通じて、西欧のエネルギーに関するパイプライン網が整備されていくことになった[18]。

この構図が、ソ連崩壊後、ウクライナはベラルーシとともに新たなパイプライン通過国となり、特にウクライナはロシアの西欧向けガスのほぼ全て、輸出ガスの80%が通過する独占的な地位を得ることになった。こうした状況下に、ロシアとウクライナはガス供給をめぐって何度かガス紛争という摩擦の構造が出現した。ロシアは外交的配慮のもと旧ソ連諸国に国際相場の5分の1程度の価格で天然ガスを供給していた。ところが、欧米への接近をはかるウクライナが、西欧への市場開放を公然と主張するようになり、安価な値段でガスを流すようになった。ロシアは激安の天然ガスをウクライナ経由で流されて価格破壊になることを防ぐため、ガスの値上げを決定する、それに対してウクライナが未払

いを行い、結果ロシアによる供給が減らされる、というものである。このガス抗争は、パイプラインの後背地であるイタリアやスイスへのガス供給不足につながるドミノ的に波及して国際化する。ロシアとウクライナは国際価格と旧ソ連価格の中間の値段を設定するという妥協がなされたが、ウクライナによるガス未払いからくる摩擦は今日まで改善されていない。

　2010年の元首相ティモシェンコの逮捕も、不当な価格でのガス供給締結に絡む違法行為の容疑での逮捕であった。ここに現れるようにウクライナのガス供給と産業には、旧体制から引きずる問題がある。梅原氏の報道に依れば国内のガス産業が国営企業による不透明な事実上の独占状態にあるとして糾弾されているという。ウクライナは人口が8割強で、経済規模は3倍近くある隣国ポーランドと比べてガス消費量は約5倍に及ぶという。さらに国内卸売価格は、家庭向けが企業向けの約6分の1と圧倒的に安く設定され、ガスを湯水のように使えて当然というばらまき状況にある。さらに、家庭向けで仕入れた安値のガスを実際は企業に高く売りつけて利ざやを稼ぐ不正の温床もある、と指摘されている。こうした不透明な価格構造のなかで、ガス業界は技術革新への投資を怠り、伝統的な優遇策に甘んじたロシア頼みの構造から抜け切れてないという社会構造の病理も指摘されている[19]。これらはかつての社会主義から転換した旧ソ連諸国が抱える不安的な経済・社会の病理（不正選挙の疑惑、不法移民や麻薬、組織犯罪や環境汚染）に苦しみ「開かれた市場経済」や「実質的な民主化」の不徹底などに共通する課題といえる。

ウクライナの危機に対する国際機関と
EU の組織的対応

　ウクライナ国内の武力衝突に発展した危機は、欧州のみならず国際的な安全保障問題を引き起こしている。ウクライナの内戦に対して EU を含む国際機関はどう対応したか。

　国連、北大西洋条約機構（NATO）、欧州安全保障機構（OSCE）などの国際機関と G7 サミットは、ロシアのクリミア併合を明確な国際法違反だと非難した。EU をはじめとして NATO、OSCE と G7 の枠組ではロシアとの首脳会談が控えられロシアの外交的孤立がはかられた。グルジア紛争での対応と比較すると、NATO は今回理事会を通じてロシアとの「対話の窓」は閉じず、ロシア軍部と軍事関連の情報交換を行った。また、国連や OSCE は、グルジア紛争とは対照的に使節や監視団を派遣してウクライナ情勢でのロシアが流す情報の真偽を判断するために必要な現地情報を監視続けた[20]。

　事態の深刻化につれて米国、EU、それにロシアを除く G7 諸国は対露経済制裁に踏み切った。しかし、当初、欧州はロシアの政府高官の渡航禁止と資産凍結にとどまったが、米国はそれらに加えてロシア銀行との取引を停止するなど、欧米で制裁の内容に温度差がみられた。しかし、7 月半ばのマレーシア航空機撃墜事件を転機として EU 内部でも対露制裁強硬論が高まり、EU は 7 月末に石油・ガス関連会社や国防関連会社への制止など制裁のステージを引き上げた。

軍事安全保障の主役たる NATO の行動では、ロシア軍の動向に関する衛星写真を公開し、集団防衛機能を強化することでロシアを牽制した。具体的には NATO の即応部隊の創設、黒海への NATO 軍事演習、バルト諸国、ポーランド、ルーマニアなどの近隣諸国での空軍パトロールの強化、ウクライナ領内における NATO 軍の軍事演習等である。しかし、今回のウクライナ危機においては、核保有国であるロシアが相手だけに、これまで NATO が行ってきた旧ユーゴ紛争時のコソヴォ、あるいはシリア内戦時における人道的介入や積極的な平和構築での関与と比較すると、直接的な軍事介入の可能性は回避されている。アメリカも停戦の会談にむけて、もし停戦合意が成立しなければウクライナ政府への武器供与を行うと警告しているが、ロシアとの全面戦争の危機をはらむとのロシアの非難を前にして未だ実施はされていない。

これまでのところ、ロシアに対しては直接の軍事的選択肢の代わりに、経済制裁、軍事的抑止力の強化措置が執られているといえよう。そして「停戦」の実現には、ドイツ、フランス、ロシアとウクライナ政府と武装勢力といった紛争当事者による直接交渉を介した和平への道が継続的に模索されている状況である。

それでは、EU は、こうしたウクライナの「危機」対応として組織的にはどのような行動をしたのであろうか。

EU は、2014 年 2 月～3 月にかけての「マイダン革命」の政変で多数の死者が出る内乱を仲介するために、ドイツ、フランス、ポーランドの外相を派遣したが、ヤヌコーヴィチ大統領の国外逃亡によってこの調停は失敗する。次いで、EU はソチで予定され

ていた G8 がロシアの除外によって不可能となったため、3月3日、首脳国以外ではじめての EU 本部のブリュッセルで G7 首脳会合を開催する。

さらにヤヌコーヴィッチ政権によって棚上げされた連合協定交渉を再開して、3月21日、ウクライナとの連合協定の政治的文書に署名して暫定政権を政治的に支援し、ポロシェンコ新政権発足後の6月27〜28日の欧州理事会において、連合協定の自由貿易（DCFTA）部門においても正式に署名をした。このウクライナとの連合協定の正式調印に経済的利益が侵害されるとの立場をとっていたロシアともクリミア併合以来凍結されていた対話を再開し、3者会談（欧州委員会のドゥギュット通商担当委員、ウクライナのクリムキン外相、ロシアのウリュカエフ経済開発相）で、自由貿易協定の実施延期をロシアと約束し、ガス問題に関してウクライナとロシアとの間での調停役を果たした[21]。

しかし、これ以降、EU は、進行する危機の仲介者としては、G7 首脳会合や OSCE、国連における会合での直接的な役割は果たされなくなる。わずかに EU が、危機の初期段階で組織的に関与したのは、2014年4月17日のジュネーブ共同宣言であった。ロシア、ウクライナ、米国とともに EU は当事者として、ウクライナ情勢の打開を目指し7時間にわたる外相級協議を行い、共同宣言を打ち出した。この宣言では、すべての当事者があらゆる暴力や挑発を避けること、違法な集団を武装解除し、違法に占拠した建物などは正当な所有者に返還することなどが求められていた。しかし、武装解除の範囲や解釈をめぐって米ロ間の認識に乖離が存在したうえに、ウクライナ暫定政府と親露派の戦闘はおさ

まらず、停戦を求める同宣言は短期間のうちに形骸化していった。その後、ジュネーブ会議形式での仲介に向けた国際協議は再開されることはなく、EU が停戦合意の会合に直接的に参加する機会も失われていった。停戦をめぐる危機対応協議は、より直接的な利害とリーダーシップを備えたドイツとフランス、それにウクライナ、ロシアの4者と、紛争解決への監視活動を行う OSCE の手にゆだねられるようになっていった[22]。

これ以降、EU のウクライナ対応は共同体機関として「制裁」の組織的行使を中心として展開される。EU による制裁措置のメカニズムは、リスボン条約以降強化された共通外交・安全保障政策（CFSP）のなかで制度的に確立されている。その原則は、国際法や人権を侵害する行為もしくは政策、および法の支配や民主主義の原則を尊重しない政策に変化をもたらすために、国連の安全保障理事会決議や、または自主的に第三国政府やテロリスト集団に制裁を発動することを認めている。その手段は、外交的または経済的手段であり、加盟各国の外相が出席する外務理事会での全会一致をもって決定される。EU の代表的な制裁は、武器禁輸、資産凍結、渡航制限などであり、措置の内容については新たな法令を必要とする。武器禁輸や渡航禁止などの一部の制裁は、加盟国が直接実施する。その実施に必要なのは，欧州理事会の「決定」のみである。資産凍結や輸出禁止などの経済制裁は、加盟国ではなく EU の権限になるので、実施の法的根拠となる「理事会規則（Council Regulation）」が必要となる。理事会規則は EU の市民や企業を直接拘束し、EU 外務・安全保障上級代表と欧州委員会の共同提案をもとに採択され、EU 官報に掲載された

後に発効する、という手続きになる[23]。

EU はロシアによるクリミア併合以降、「制裁」の検討を開始し、2014 年 3 月から開始する。その発動する制裁の内容と対象は、「個人制裁」、「外交制裁」、「経済制裁」の範疇で段階的に引き上げられていった。3 月 6 日に欧州理事会でビザ無し短期渡航の停止が決められ、3 月 17 日の外務理事会は、ロシア政府幹部の 13 人とクリミア共和国の政府高官の資産凍結・渡航禁止を発表する。3 月 20 日の臨時欧州理事会は、メルケル独首相とオランド仏大統領の経済制裁への言及と共に、理事会としてもクリミア併合を公式に非難して、EU・ロシア首脳会議の中止とハイレベル会合の停止および事態の悪化次第で第三段階の経済制裁の発動も辞さない「決定」を宣言した。5 月 7 日の EU 外務理事会では、ウクライナ大統領選挙の結果次第では制裁の対象を拡大する法的基準と、個人からロシアの巨大企業への制裁を議論し選挙後の 5 月 27 日の欧州理事会では、親 EU 派のポロシェンコ氏が選出されたことから、経済制裁の準備は継続しながらも、実施を先送りし、ロシアとウクライナとの直接対話、ロシアの国境管理強化、ジュネーブ合意の遵守をロシアに対して要求した。

6 月 27 日の欧州理事会では、ポロシェンコ新政権と東部の親露派武装集団の一時停戦をうけて、親露派勢力に対してロシアが影響力を行使すること、また和平協議が開始されなければ、EU の対露制裁措置をとる用意があることを明らかにした。それでも事態の進展がなかった 7 月 16 日の臨時欧州理事会で、ロシアに対して新たに 6 項目の制裁を課すことに合意した。さらに、7 月 31 日に武器取引の禁止、金融取引の制限、石油分野の技術提供

の制限といった経済制裁が実施される。この経済制裁は、欧州投資銀行や欧州復興開発銀行の新規融資の停止、クリミアからの禁輸、エネルギー関連機器の輸出ライセンスの取消などに及んだ。これに対してロシア側もEUに対して制裁を加え、状況は「EU・ウクライナ・ロシア」で制裁を互いに加え合う事態となった[24]。

　そもそも危機発生の初期にはEUが本格的な経済制裁に踏み切るか、さらに実施する時期と形態をめぐってEU内部（機関と加盟国）で意思統一は難しく、EUが全体としてロシアに強力な制裁を発動する可能性は低いと言う見方が一般的であった。本稿の最初で指摘したように、バローゾ欧州委員長が「ウクライナ危機が欧州にとって深刻な危機にある」とした2014年5月の段階でも、一方で加盟国の見解の相違は大きく、一致団結した行動には「引き続き課題である」との見解を示していた。その最大の原因は、EU加盟国の貿易とエネルギーのロシアへの過度の依存であるのは明らかであった。ロシアとの関係悪化を危惧するハンガリーやブルガリア、またロシアからの多額の投資の受け入れ先になっているキプロスは制裁発動に後ろ向きの姿勢であった。

　しかし、ロシアによるクリミア併合に続く7月17日のマレーシア機撃墜という大惨事の発生は、それにより多くのEU加盟国市民が犠牲になった（犠牲者298名のうち、オランダ国籍者193名、以下、英国10名、ドイツとベルギー4名）ことを受けて、対露制裁に向けた動きが一挙に加速する。ウクライナ国内でさらに2,600人をこえる死者をだす戦闘の激化もあり、7月18日の欧州理事会では、制裁の法的基準を拡大し、8月1日から強化された制裁が実施された。これ以降、もはやEU加盟諸国からも制裁実施に

逡巡する声はほとんど聞かれなくなった。それまで制裁に消極的であったオランダやドイツ、イタリアなども態度を変えていく。これらの変化を受け、8月30〜31日に開催された臨時欧州理事会に向けてEU機関や加盟国の首脳達の発言は制裁容認を明言するようになる。「ウクライナ東部で起きている現実と向き合おうとしない者がEUにはあまりにも多い。（キャメロン英首相）」、「ロシアのウクライナへの軍事介入は、欧州に対する戦争だ。EUは一層の行動が必要だ。（グリバウスカイテ・リトアニア大統領）」、「ウクライナ情勢は非常に深刻で、首脳会議はロシアへの追加制裁で対応せざるを得ない。（オランド仏大統領）」、「新たな経済制裁がロシアに対して課されるであろう。（メルケル独首相）」、「この状況の悪化に鑑み、EUは一層の重要な措置をとる準備ができている。我々はみな迅速に行動しなければならないと認識している。（ファンロンパイEU大統領）」、「ウクライナを不安定化することには高い代償を払うことになる。（バローゾ欧州委員長）」[25]。

　その後、2014年9月5日の停戦に向けたミンスク合意が結ばれるなか、9月8日の欧州理事会の決定に基づくEUの制裁に、モンテネグロ、アイスランド、アルバニア、リヒテンシュタイン、ノルウェー、そしてウクライナの非EU加盟のヨーロッパ諸国もEUの制裁に参加することになる。

　以上、EUによる制裁発動と履行にあらわれた制度的対応は、加盟国の個別な不協和音は残しながらも、飛行機撃墜の事態の悪化をうけて、EU域内の意見の相違を「制裁」という措置へ収斂させていったと評価できるであろう。これを裏付けるように、このEU独特の展開についてのちに回顧したバローゾ前欧州委員長

は、次のように語ったのである。「エネルギー分野で加盟国は立場が異なり全く同じ意見をもつことはできない。注目すべきは、それでも全ての制裁で合意していることである。EU がなければ、欧州はとうに分断されていたであろう。……どの国も、制裁に参加しなければ対価を払うことになることを理解している。1 カ国、2 カ国は『制裁に同意できないが、多数が望んでいるならば反対はしない。』と言う。これは EU が機能するためのコツである。自分は反対でも、団結を崩したくはないのである。」[26]

危機の意味と今後の課題

　本章を通じて、ウクライナ問題を、ウクライナ危機の国内の経緯、ウクライナと EU のバイ・ラテラルな関係、危機の背景としてウクライナ-ロシア関係、国際的な視野からの内乱後の対応の様相、という4つの視点から論じてきた。

　まず、指摘されるのは、ウクライナの対応に、EU が「価値の共同体」として、「連合協定」という戦略を中心に近隣諸国政策のなかで追求したということである。その価値と戦略を支える「民主主義、法の支配、人権」の理念が果たす効果は、EU とウクライナ関係の今後の進展にかかっており、危機の短期的対応に無力を呈しても、EU の集合的力を基に中長期的な観点から考えられるべきものであろう。

　未だ流動的で悲惨な状況が続くウクライナ情勢が抱える数多くの要因のなかで、限られた紙幅の検討であるが、最後に、ウクライナの国家の問題、国際秩序のなかでの対立理念、世界の地域・

民族問題とシンクロする今後の課題について若干の整理と指摘をしておきたい。

まず、第1に、国際社会を構成する基本的体系とされるウェスト・ファリア体制からみればウクライナの「国民国家」としての形態はかなり異彩を放っている。もちろん、「主権・領土・国民」をキー・コンセプトするシステムに典型的な国民国家など世界には存在しない。しかし、それをもってしても、1991年以降の独立以降のウクライナ国家は、まさしくソ連の崩壊のみならず、帝政ロシアまでさかのぼる歴史的要因に影響された「人工的な構築物」であり、そこには歴史を共有するというより、敵対する宗教や民族・地域に苦慮し、外国からの干渉に苦しむ国家統合プロセス中途の「不完全主権国家」の煩悶が生じているといえよう。

第2にそのウクライナが、将来の姿をめぐって、国内経済・社会問題の解決の方法論として、親EU（欧米）派か親露派かを選択するという点で、これを冷戦時代からのイデオロギー的理念の対立と絡める論評がみられる[27]。たとえば、双方の非難の応酬を2項対立的に比較列挙すれば、以下のようである。

「ウクライナにおけるヤヌコーヴィッチ体制の崩壊は、選挙で選ばれた民主政権の打倒ではなく、民主主義を踏みにじる政府を『市民』が倒すという自由世界の拡大である。西側の自由、人権擁護、市場統合参加することはウクライナ社会に富をもたらし、富の拡大が自由な統治を支える」vs.「ウクライナ地方では、テロリストが、ロシア系住民の安全を脅かしている。首都キエフの反政府運動は、『選挙』によって選出されたヤヌコーヴィッチ大

統領を暴力で追い落とす、ナチスに類する反民主勢力に他ならない。しかもこの勢力の背景には外国の策謀がある。」

　さらに、対立激化の焦点となったクリミア併合について、「ロシアによるクリミア併合は、第2次世界大戦のドイツのズデーデン地方の併合に匹敵する武力行使である。そこには、どれほど形式的には議会制民主主義をとっていても、ロシア政府は欧米諸国と『人権』や『民主主義』を共有する存在ではない。」vs.「冷戦崩壊後、欧米諸国はロシアとスラブ系民族の排斥を目指しており、ソ連の解体によって多くの諸国でロシア系住民が少数派となったところでは、迫害されるようになった。その地域に住む住民の意思と人権が大事である。」

　第3に、これをイデオロギーの対立とみるか、地政学的要因の復活であるかという観点から、「冷戦後、米国を中心とする西側諸国は、『自由主義』、『基本的人権』という普遍的価値を世界で実現することが国際秩序と世界の平和の実現を可能にする」vs.「ロシアは、人間には血や歴史でつながった紐帯があり、民族がもっとも重要である。何かの弾みで他国に入ったとしても、血のつながりが近いのであれば、戻ってくるのが自然な発想だ」。とくに後者の主張の根拠には、本章でふれたロシアのディアスポラ問題がある。ソ連解体後に生じた国境線画と民族の「乖離」から生じる「ロシア人、ロシア系住民のアイデンティティ」への強いこだわりである。それは、一国内の地域住民自治尊重の「住民投票」と「憲法による国家体制の維持」のどちらが優先されるか、という選択にもつながり、さらには、近隣のロシア系諸国の住民への保護は、ロシア本国の権威主義体制を維持する国民の信

頼とシンクロする。こうした中央政府と地域の問題は、世界各地で同時頻発しているスペインのバルセロナ、スコットランドの独立などの「分離独立」運動にも関連する。

「民主化」についても、「議会制民主主義（選挙）」vs.「市民社会による住民運動（デモ）」のどちらが今のウクライナで現実的で、正当かについても、ウクライナでは過去から議会や選挙の透明性の疑惑が存在し、今回の大統領選挙も実施できない東部ドネック州で対抗的に独自の住民選挙が行われ、一方、キエフの市民運動としての抗議デモなども、諸外国の勢力の混入と干渉のなかで過激化している状況下にある。以上、指摘してきたような主義・主張、理念の対立する価値観の「交点」にウクライナが存在しているといえるだろう。

ウクライナの東西間で戦闘が続く中、キエフのウクライナ議会は、2015年4月9日、過去のシンボルを一掃するとしてナチス・ドイツ時代や旧ソ連時代を象徴するものを禁止する法案を可決した。4月11日、北東部の第2の都市ハリコフでは覆面姿の人物により旧ソ連時代の3人の英雄像が破壊された。これに対して議会の450議席中40議席を占める親露派の野党連合は、歴史や伝統を破壊し、「街中の混乱」を助長するものだと欧州への傾斜を強める政府を非難している[28]。歴史をさかのぼれば、かつて第2次世界大戦後、再独立したポーランドで国内の残留ロシア系住民が政府によって追放された。この住民は「被害者」なのか、「加害者」なのか。同じような状況がまさしく今ウクライナで繰り返されようとしている。

資料および事実経緯の記述については、EU の公式 HP、*Europa European Union website* europa. eu、駐日 EU 代表部の HP、*Delegation of the European Union to Japan* www.euinjapan.jp、外務省の HP、http://www.mofa.go.jp/mofaj/ を主に使用。

また、北海道大学スラブ・ユーラシア研究センター「ウクライナ情勢特集」https://src-h.slav.hokudai.ac.jp/center/essay/ に加え、内外の新聞である。紛争の事実経緯については、邦文でアクセスできる必要最小限なものを注に示した。

【注】

1) EU News 69/2014 http://europa/eu/rapid/press-release STATEMENT 14-13.
2) 『毎日新聞』2014 年 3 月 14 日。
3) 斎藤元秀「ウクライナ危機とプーチンの戦略の検討」2014 年 11 月 15 日報告、5 頁。
4) 六辻彰二「世界史的にみる「ウクライナ危機」」。http://thepage.jp/detail/20141003
5) Petro Poroshenko, President of Ukraine, http://www.president.gov.ua/en/content/president_biography.html
6) 斎藤、前掲、15 頁。
7) 『朝日新聞』2014 年 9 月 20 日。
8) EU とウクライナ関係については、The EU's relations with Ukraine として、EU の公式 HP の対外行動サイトを参照。www.eeas.europa.eu/ukraine
9) 東野篤子「ウクライナ危機をめぐる EU の対応」ユーラシア研究所『ロシア・ユーラシアの経済と社会』No.987、22 頁。
10) EU-Ukraine Summit, Brussels 25 February 2013. http://www.eeas.europa.eu/top_stories/2013/250213_eu-ukraine_en.htm
11) EU MAG「東方のパートナー国と踏み出す新たな一歩」。EUmagjp/issues/c0214/

12) BBC NEWS "Ukraine suspends preparations for EU trade" http://www.bbc.com/news/world-europe-25032275
13) たとえば、東野、前掲、21頁〜22頁。
14) 下斗米伸夫『プーチンはアジアをめざす』NHK出版新書、2014年、50頁。
15) 六鹿茂夫「冷戦後の民族問題と国家安全保障—ウクライナ危機を中心として」日本国際政治学会報告、2014年11月15日、1〜2頁。
16) 同上、6頁。
17) 下斗米、前掲、63〜65頁。
18) EUとウクライナのエネルギー安全保障に関しては、坂口泉、蓮見雄『エネルギー安全保障：ロシアとEUの対話』ユーラシア・ブックレット、№113を参照。
19) 梅原季哉「東部拠点と天然ガス」『朝日新聞』、2014年5月26日。
20) 六鹿、前掲、21頁。
21) 東野、前掲、30頁。
22) 同上、12頁。
23) EU MAG, http://eumag.jp/issues/c0814/
24) 欧州理事会、外務理事会の以下の行動についてはEUの公式HPにある同機関の記録による。
25) 東野、前掲、28頁、および『日本経済新聞』2014年7月20日。
26) ホセ・マヌウエル・バローゾ前欧州委員長「欧州　この10年」『朝日新聞』、2014年12月23日。
27) たとえば、藤原帰一「ウクライナ危機　衝突する二つの論理」『朝日新聞』、2014年4月15日、田中明彦・篠田秀明「ウクライナ危機と世界」『朝日新聞』、同年5月13日など。
28) AFPBB News, http://www.afpbb.com/articles/-/3045169

【参考文献】

下斗米伸夫『プーチンはアジアをめざす　激変する国際政治』NHK出版新書、2014年。
外務省『外交』Vol.25「深層ウクライナ危機」2014年5月24日。

ユーラシア研究所編『ユーラシア研究』第 51 号「特集：ウクライナ問題」東洋書店、2014 年 12 月。

第 4 章　縮小する経常黒字と国際収支構造の変容
　　　　―2014 年の国際収支とその分析方法について考える―

は じ め に

　本章は、関東学院大学大学院法学研究科が 2014 年秋に主催した公開講座「今、私たちに差し迫る問題」第 4 回の内容を元に書き起こしたものである。書籍としての出版に先立ち、内容の一部をすでに論文として公開しているが[1]、本章はその続編を構成するものでもある。

　公開講座において筆者は、国際経済・金融環境に生じている大きな変化を「差し迫る問題」として取り上げた。2011 年、日本の貿易収支はおよそ 50 年ぶりに赤字に転じた。自らを「輸出立国」と定義し、大幅な貿易黒字がもたらす経常黒字を経済成長のエンジンとしてきた日本経済にとって、貿易赤字化は大きな転換点となる可能性が高い。しかし、貿易黒字や経常黒字を持たない日本経済の姿がどのようなものになるかについて、確かな論拠の元に議論が行われているとは言いがたいところがある。

　国際収支についての議論が初学者に近寄りがたいのは、統計そのものが非常に複雑であり、様々な解釈と誤解を招く余地を生じていることにある。貿易収支にせよ経常収支にせよ、赤字や黒字といわれれば家計簿、あるいは営業成績を思い浮かべて理解され

ることが多いだろう。赤字は悪で黒字は善だから、貿易黒字や経常黒字の縮小や赤字化は日本経済にとっての一大事ということになる。このような理解に対して、国際収支を勉強したことがある者は、国際収支各項目の黒字や赤字は儲かったとか損したとかいう意味ではないという批判を加えるのが常である。統計の仕組みからいえばその通りであり、現に巨額の貿易赤字および経常赤字を計上しながら世界経済を牽引し続けるアメリカのような国もある。国際収支を家計簿のように捉えるのは、得体の知れないものを身近にするという効用はあるが、正しい理解を妨げるうらみがある。

しかし、国際収支に国の家計簿としての意味が全くないというわけではない。統計の歴史から見ればむしろそれが起源にあたる。国際収支は英語で「Balance of Payments」と呼ばれることが多い。国際収支の重要な使命は国際的な取引によって生じた決済手段の収支尻（バランス）を記録することにあった。家計簿が家計の活動によって生じた支払手段の受払の記録であるという意味において、国際収支はまさに国の家計簿であった時代がある。原義に立ち返れば、国際収支の各項目が黒字か赤字かということは、その国の対外経済活動のあり方を根本的に規定するといっても差し支えない。しかし、その詳細を家計簿のアナロジーで説明し尽くすことは残念ながら不可能である。

公開講座の場では国際収支そのものの説明についてもある程度の意を払ったが、本稿ではそれを割愛し、筆者自身の国際収支分析を提示することに努めた。昨今の経常黒字縮小と、その原因である貿易収支赤字化は非常に大きな問題だと筆者は捉えている。

貿易収支が赤字になっても所得収支の黒字(海外からの利子や配当の受取超過など)が大きくなっているから影響は大きくないという見解も存在するが、貿易の黒字と所得の黒字が国際決済に与える影響の違いを吟味していないのではないかと考えている。両者は数字の上では確かに対等だが、それぞれの取引によって生じる決済手段の増減は異なる。所得の黒字は貿易の黒字を代替するものにはなり得ない。差引ゼロだから大丈夫という話ではないのである。

本章は2節で構成されている。まず前節で、日本の経常収支と貿易収支の動向を押さえておく。ポイントになるのは貿易赤字が拡大した原因と今後の見通しである。貿易赤字が縮小するには輸出金額が伸びるか輸入金額が抑制されるかのどちらか、あるいはそのどちらもが必要であるが、現状の輸出入構造を見る限りその見通しを持つことが難しいことを示したい。

後節では、国際収支の原理をできるだけ平易に解説しつつ、国際収支の通貨区分という、通常の入門書のレベルを超えた問題提起をおこなった。経常収支の赤字や黒字は問題ではない、あるいは全体で黒字になっていれば内容は関係ない、という主張に対する筆者なりの解答を示したつもりである。

経常収支と貿易収支の動向

(1) 近年の動向

図表4.1は直近5年間の日本の国際収支の推移である。日本の

図表4.1　日本の国際収支

(単位：億円)	2010	2011	2012	2013	2014
経常収支	193,828	104,013	47,640	32,343	26,458
貿易・サービス収支	68,571	-31,101	-80,829	-122,520	-134,817
貿易収支	95,160	-3,302	-42,719	-87,735	-104,016
輸出	643,914	629,653	619,568	678,289	741,016
輸入	548,754	632,955	662,287	766,024	845,032
サービス収支	-26,588	-27,799	-38,110	-34,787	-30,801
第一次所得収支	136,173	146,210	139,914	164,756	181,203
第二次所得収支	-10,917	-11,096	-11,445	-9,891	-19,929
資本移転等収支	-4,341	282	-804	-7,436	-1,987
金融収支	217,099	126,294	41,925	-16,310	54,991
直接消費	62,511	93,101	93,591	130,237	118,134
証券投資	127,014	-135,245	24,435	-254,838	-49,502
金融派生商品	-10,262	-13,470	5,903	55,517	36,396
その他投資	-89	44,010	-51,490	14,271	-58,935
外貨準備	37,925	137,897	-30,515	38,504	8,898
誤差脱漏	27,612	21,998	-4,911	-41,218	30,520

［注］2013年以前の数値は日本銀行の作成した第6版組替データを利用した。端数処理のため、細目と合計は一致しないことがある。
［資料］2014年：日本銀行時系列データ検索サイト（2015.5.3閲覧）

　国際収支表の発表形式は、2014年1月発表分から大きく変更されており、そのままでは2013年以前の数値と比較することは困難である。ここでは、日本銀行が参考値として公表している組替データを用いて2014年の数値との比較が可能になるようにした。

　本稿では、公開講座および前稿執筆時点では得られていなかった2014年下半期のデータを加えている。2014年上半期（1〜6月）の経常収支は4,977億円の赤字を計上し、13年下半期から2期連続で赤字を計上していたため、通年では約30年ぶりに赤字

化する可能性があることを公開講座の中では指摘した。しかし、経常収支は7月以降黒字に転じ、下半期は結局3兆1,435億円の黒字となり、通年でも2兆6,458億円の黒字となった。結果として、黒字額の水準は2013年より若干低下した程度に収まり、経常黒字の減少ペースにブレーキがかかったかのような印象を抱かせている。

図表4.1を見れば、経常黒字縮小の主因が貿易赤字の拡大にあることは明白である。貿易収支は2011年に赤字化して以来、2013年まで急速に赤字幅を拡大させてきた。2014年の貿易赤字は10兆4,016億円であり、前年比増加率でみた増加ペースは若干衰えたものの、赤字の拡大傾向に変化はない。一方、貿易赤字を補うように拡大しているのが第一次所得収支の黒字であり、2014年は18兆円を超える規模にまで拡大した。2014年は、下半期に入り貿易赤字の増加ペースが鈍化した結果、第一次所得収支の黒字増加でそれをカバーできた形になったと総括することができる。

次に図表4.2を用いて、経常収支と貿易収支の推移を為替相場との関係で確認しておこう。為替相場変動との関係がわかりやすいように月次データを用いている。円の対ドル相場は2012年秋頃まで円高傾向が継続していたが、2012年末頃から一転し、2013年春には1ドル＝100円を超えるところまで円安が進行した。その後は1年余り相対的な安定状態にあったが、2014年秋に更なる円安が進行し、年末以後は1ドル＝120円程度の水準となっている。2013年からの円安の進行が貿易赤字縮小に与える影響が注目されているが、図表4.2を見ると2014年初頭から実

図表4.2　為替相場と経常収支・貿易収支

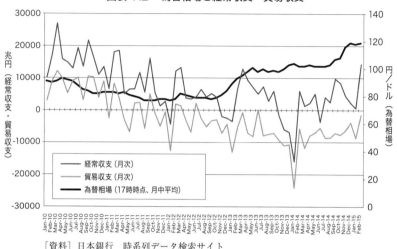

［資料］日本銀行　時系列データ検索サイト

際に赤字が縮小に転じたことが確認できる。円安への転換を13年初頭とすれば、およそ1年程度の「ラグ」をもって、円安が貿易赤字拡大に歯止めをかけたようにも読み取れる。

「ラグ」という見方が正しければ、2014年末に進行した円安は2015年末頃に貿易収支に影響を与えることが予想される。もちろん、時期についてはより厳密な検証が必要になるが、貿易赤字が今後縮小に向かうとする見方は多い。果たしてその理解で正しいのか、輸出入の内容をもう少し詳しく検討してから判断することにしよう。

(2) 商品別輸出入の動向

図表4.3は日本の輸出入の金額指数と数量指数の推移である。

輸出金額は2010年以降緩やかに低下し、2012年は2010年比で5ポイント近く低下している。その後は増加に転じ、2014年は10年比で8.4ポイント上昇している。数量指数をみると、2012年までは金額指数を超えるペースで下落を続け、2012年は10年比で8ポイント強低下している。13年に入っても下落は止まらず、14年に入って若干の増加に転ずるが、それでも2010年比で9.3ポイント減少したままとなっている。

　2012年までの輸出は、数量と金額がほぼ同じペースで減少しているのだから、輸出価格はほぼ一定だったことになる。財務省が半期ごとに発表している「貿易取引通貨別比率」によれば、日本の輸出は概ね半分がドル、4割弱が円、残りがユーロ等の他通貨で取引されている。貿易統計の輸出金額は円建に換算されたも

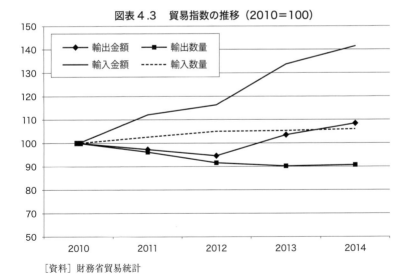

図表4.3　貿易指数の推移（2010＝100）

［資料］財務省貿易統計

のであるので、円高の影響は輸出相手国の負担増によって吸収されたことになる。これが日本からの輸出を減らし、数量指数の下落につながったのであろう。また、円高を敬遠する日本企業の海外進出が進行し、それが一段の輸出数量減を招いたという経路も考えられる。

　一方、2013年以降は輸出数量がほぼ横ばいのまま輸出金額が増加していることから、輸出価格だけが大きく上昇したことになる。これは正に円安の「恩恵」であり、自動車等の主要な輸出企業が過去最高の利益を計上した事実を裏付けている。しかし、輸出数量に回復は見られず、輸出金額増は円安頼みになり続けるかもしれないことを同時に示している。円安の「恩恵」が輸出品値下げなどの形で相手国にも配分されたり、海外に進出した企業が国内での生産に回帰すれば数量が本格的に回復する可能性があるが、現状ではそこまでの展開を予測することは難しい。

　輸入の動向をみると、数量指数は2014年まで上昇を続けているが、それでも2010年比6ポイントの増加に過ぎない。これに対し金額指数は右肩上がりで上昇しており、2014年は10年比で実に41.4ポイントの増加となっている。2012年までの円高局面においても輸入価格が上昇していることになり、為替以外の要因が輸出金額増加に強い影響を及ぼしていることになる。逆に、13年以降の円安局面では円安の「弊害」をまともに受けた可能性が高いことをこのグラフは表している。

　主要商品別にみた輸出入の推移を確認しておこう。図表4.4は主要商品別輸出額の推移である。日本の輸出品の6割は機械製品（一般機械と電気機器、輸送用機器）が占める。これに化学製品や

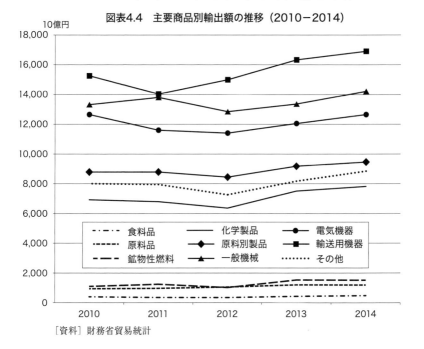

図表4.4 主要商品別輸出額の推移(2010−2014)

[資料] 財務省貿易統計

原料別製品(鉄鋼や非鉄金属など)、その他(科学光学機器や記録媒体など)を加えた重工業品のシェアは約95%に達する。輸入額の推移は図表4.5に示した。輸出と異なり、日本の輸入シェアのトップを占めるのは鉱物性燃料であり、2014年度は全体の32%となった。一方、機械製品のシェアは25%であり、重工業品全体でみても53%程度である。輸出金額は各品目ごとに若干の変動があるものの、主要製品のシェアに大きな変動はない。一方、輸入金額については、鉱物性燃料の上昇が目立つが、シェアという点では5年間で約4ポイントの上昇にとどまる。しかしこれは、

図表 4.5　主要商品別輸入額の推移（2010−2014）

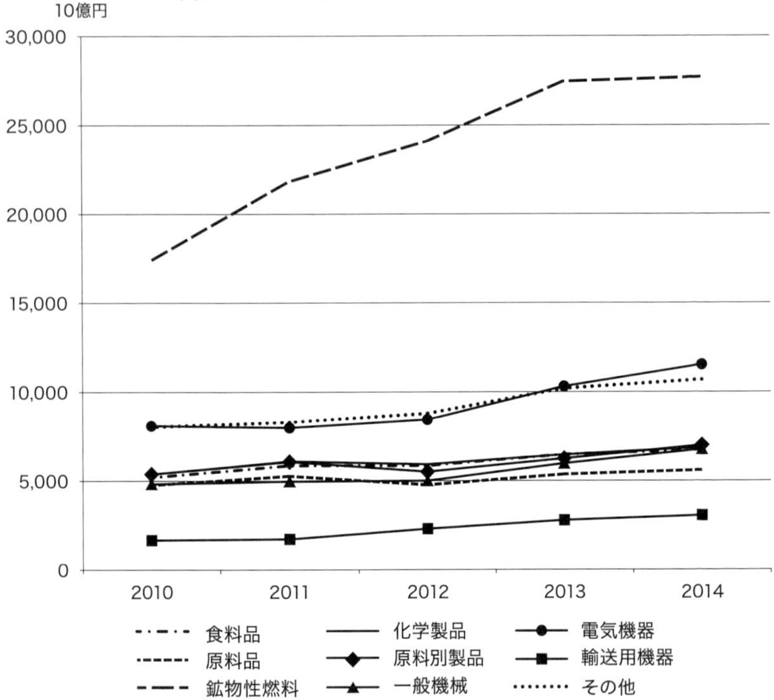

[資料] 財務省貿易統計

輸入に対する寄与が大きいことの反映でもあり、日本の輸入が鉱物性燃料の動向に左右される度合いは小さくない。

　為替相場が機械機器の貿易数量に与えた影響を示すために作成したのが図表4.6である。

　過去5年間の大まかな傾向としては、為替相場は円安、輸出数量は緩やかな減少、輸入数量は緩やかな上昇を示している。為替

図表 4.6　機械機器貿易の数量指数と為替相場

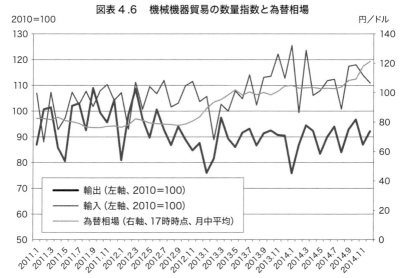

[注] 原資料の都合により、2013年以前の分類品目名を用いている。ここでいう「機械機器」には、現在の分類における「一般機械」、「電気機器」および「輸送用機械」のほか、「その他」の一部（科学光学機器など）を含む。
[資料] 貿易指数：財務省貿易統計、為替相場：日本銀行時系列データ検索サイト

相場と貿易数量は、予想される関係とは逆の相関を示しているが、輸出については先に挙げた1年程度の「ラグ」が生じているためとみられる。輸入については、「ラグ」の他にも、日本企業の海外進出が進み、機械製品の輸入依存度が高まった結果、為替相場に関わりなく高水準の輸入が続いているためと考えられる。詳細については別途検討する必要があるが、商品の輸出入に為替相場が与える影響が単純なものでなくなっていることに注意しなければならない。

(3) 燃料輸入の動向と発電用燃料需要の実態

貿易赤字の拡大という観点からいえば、重要なのは輸出よりもむしろ輸入の動向である。図表4.5で見たとおり、直近5年間で鉱物性燃料の輸入額は大きく拡大しており、貿易赤字への寄与も大きい。鉱物性燃料の輸入動向を詳しく検討しておこう。

図表4.7は鉱物性燃料の輸入数量指数を示したものである。グラフに示した期間では、若干ではあるが輸入数量は低下傾向を示している。期間全体を均してみても、輸入数量は2010年比5ポイント程度の増加に過ぎない。2011年3月に発生した東日本大震災の影響で、発電用のエネルギー源が化石燃料に大きくシフト

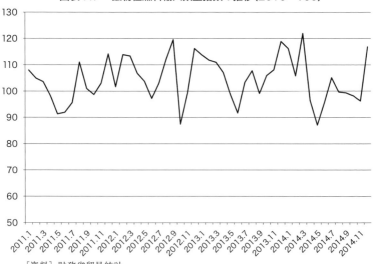

図表4.7　鉱物性燃料輸入数量指数の推移（2010＝100）

［資料］財務省貿易統計

し、それが日本の燃料輸入を増加させた結果、貿易赤字の拡大を招いた、とする説明を見かけることがあるが、5年程度のスパンで見る限り「急増」と呼べるようなものではなかったことが伺える。

しかし、このグラフを詳細に見ると、鉱物性燃料の需給に震災が与えた影響が小さくはなかったことも読み取れる。輸入数量は月ごとの変動が大きく、春や秋をボトムとし、夏や冬をピークとする季節性も存在する[2]。これは電力需要の年間変動の季節性とよく似ており、夏や冬のピーク時に輸入数量が跳ね上がることも電力需要の増加に起因するものとして理解できる。

もう少し詳しく検討しよう。図表4.8は鉱物性燃料輸入金額の品目別構成を示したグラフである。鉱物性燃料の下位区分は、貿易統計では石炭、石油及び同製品、そして石油ガス類となる。3

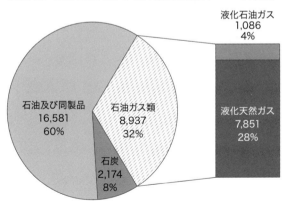

図表4.8　鉱物性燃料輸入金額の品目別構成（2014年、億円）

［資料］財務省貿易統計

図表4.9 鉱物性燃料主要品目の輸入金額指数（2010＝100）

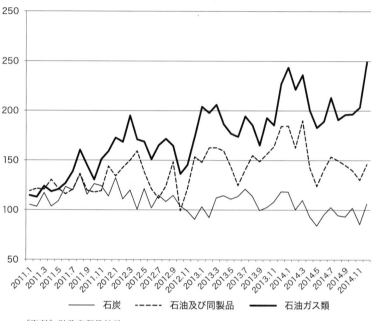

［資料］財務省貿易統計

　品目の金額構成は図に示すとおり、石油及び同製品が全体の6割を占め、次いで石油ガス類が約3割、残りの1割弱が石炭となる。さらに、石油ガス類のうち約9割（燃料輸入全体の3割弱）が液化天然ガス（LNG）で占められていることを確認しておく。

　続いて図表4.9に前述3品目の輸入金額指数の推移を示した。直近5年間では石油ガス類の輸入金額が大きく上昇しており、石油及び同製品もそれに続く上昇を示している。一方で石炭の輸入金額は2012年以降下降傾向を示している。燃料の種類によって輸

第 4 章 縮小する経常黒字と国際収支構造の変容　143

図表4.10　鉱物性燃料主要品目の輸入数量指数（2010＝100）

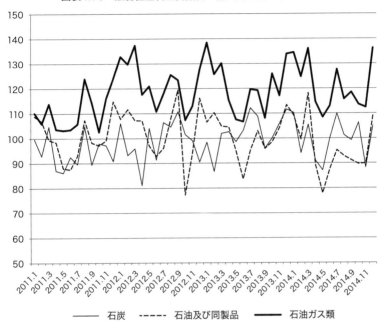

　　　　　―― 石炭　　----- 石油及び同製品　　━━ 石油ガス類

［資料］財務省貿易統計

入金額の動向が大きく異なっていることをここでは確認しておく。

　図表4.10 は 3 品目の輸入数量の推移である。数量でも金額と同じく燃料の種類によって動向が異なっているが、金額ほどにはっきりした増減の傾向が確認できない。2010 年に比べ数量がもっとも拡大しているのは石油ガス類である。一方で、石油及び同製品と石炭の数量は、5 年間で均してみると 2010 年から大きくは拡大していないことがわかる。また、石油ガス類の数量変動の季節性が、冬に最も大きく、次いで夏にピークを持つ、電力需

要と似たものであることもよくわかる。

　数量指数に明確なトレンドが見られないのに金額指数が右肩上がりになっているということは、燃料の価格が上昇したことを示している。図表4.11でこれを確認しておこう。石炭の価格は震災直後に一時的に大きく上昇したが、2012年中盤以降は2010年の価格に近い水準まで下落している。一方で、石油及び同製品と

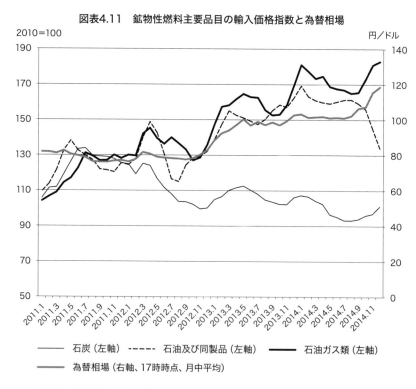

図表4.11　鉱物性燃料主要品目の輸入価格指数と為替相場

［資料］貿易指数：財務省貿易統計、為替相場：日本銀行時系列データ検索サイト

石油ガス類は5年を通じて明確な上昇傾向を示している。石油やLNGの輸入はほぼドル建であるから、価格指数上昇の原因としては資源価格の上昇だけでなく円安も疑われる。図表4.11には為替相場の動向を書き加えているが、円安と石油や石油ガスの価格上昇が同時進行していることがよくわかる。円安の「弊害」がはっきりと読み取れるデータである。一方で、2014年秋頃から一段と進んだ円安により、石油ガスの輸入価格がさらに上がっている反面、石油輸入価格は大きく下落している。これはドル建の石油価格そのものが下落したことを意味している。逆にいえば、円安が進行しなければもっと大きく輸入価格が下がった可能性を示唆している。

　以上、鉱物性燃料の輸入動向が発電用燃料需要に大きく左右されていることを貿易統計のデータを用いて指摘してきたが、発電側のデータからそれを補強しておこう。図表4.12は発電用燃料が燃料輸入量のどの程度を占めているかを示したものである。原油は輸入量全体の3.5％と少ないが、石炭については5割強、

図表4.12　鉱物性燃料輸入量に対する発電用燃料のシェア（2014年度）

燃料の種類・単位	(A) 電力10社受入量	(B) 電力10社消費量	(C) 2014年度輸入量	(D) = (A)/(C)
石炭（一般炭）[t]	58,906,101	59,573,790	110,242,000	53.4%
原油 [kl]	6,818,847	6,755,621	193,548,000	3.5%
重油 [kl]	9,383,464	9,417,822	6,039,726	155.4%
液化天然ガス [t]	59,037,524	56,606,033	89,073,000	66.3%

［注］データソースの制約により、原油および重油の受入・消費量と輸入量の品目区分は完全には一致しない。
［資料］（A）（B）：電気事業連合会「2014年度の発受電速報」、（C）：財務省貿易統計

LNGについては実に7割近くを発電用燃料として消費している。ほぼLNGで構成される石油ガス類の輸入金額の伸びが最も大きかったことを想起すれば、その原因が発電用燃料の需要拡大にあったことは事実とみてよいだろう。また、重油については輸入量の1.5倍にあたる量が発電用燃料として消費されている。輸入量を超える重油は、原油として輸入して国内で精製されたものであると思われるので、原油と重油を合計したシェアを計算すると、発電用燃料だけで輸入原油全体の約8％を消費している計算

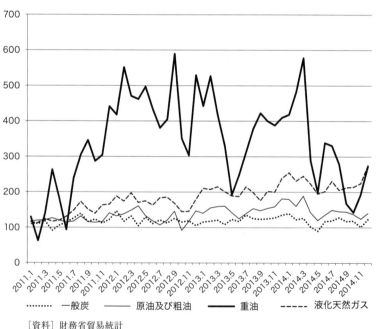

図表4.13　発電用燃料の輸入金額指数（2010＝100）

……… 一般炭　　―― 原油及び粗油　　━━ 重油　　---- 液化天然ガス

［資料］財務省貿易統計

となる。

　図表4.12で得られた燃料区分を用いて、貿易統計中の該当項目から金額指数を抜き出したのが図表4.13である。一見して明らかなのは重油の輸入金額の著しい上昇と乱高下である。ピーク時には、重油の輸入金額は2010年比で約6倍に達している。価格上昇の最初の山は震災直後の2011年4月であり、その後、最初の冬を迎えた時点で大きく輸入額が伸びている[3]。この重油の輸入金額の変動が、2011年以降の発電用エネルギー源の「転換」を象徴的に示していると思われる。

　発電に用いる石油は、生成されたC重油の他に、原油を精製せずにそのまま燃料とする「生焚原油」とよばれるものがある。図表4.12で「原油」に相当するのが生焚原油であると考えられるが、それ以上の詳細を示すデータはない。石油の使用量が石炭やLNGに比べて少ないのは主に経済的な理由で、石炭、LNG、石油の順に経済性が低下する。発電における原油の役割は需要変動を吸収するバッファとしての機能であり、かつて2007年に柏崎刈羽原子力発電所が停止した際に石油の使用量が増加した記録がある[4]。

　2011年以降の石油輸入の急上昇と乱高下は、まさに石油が発電のバッファとして機能していたことの傍証であるといえる。図表4.12にみる消費と輸入の実態から推察するに、電力各社が平時に必要とする重油は主に国内での精製品を用いていたものと考えられる。電力需要が急増し、国内調達では間に合わなくなったときに輸入に頼るという行動パターンが輸入額を乱高下させたと考えれば話の筋は通る[5]。

バッファに頼る局面が多いということは、全体的な電力供給の構造そのものに余裕がなくなっている証でもある。石炭やLNGが経済的であったのは価格が安定していたからであるが、近年の価格動向をみると、LNGの価格上昇が電力供給のボトルネックとなるおそれもある。図表4.12で示したようにLNGへの依存度は原油の比ではなく、現状の発電用燃料構成が継続する限り価格上昇のリスクは無視できない。

念のために確認しておけば、望ましい電源構成や電力会社の経営状態について分析することが本稿の課題ではない。重要なことは、貿易赤字の主因をなす高水準の燃料輸入は今後も継続する見込みであることと、燃料輸入額が為替相場やエネルギー価格に左右されやすいということである。燃料価格の上昇は、直接的には電力会社の経営に悪影響を与え、間接的には電力価格の引き上げとなって国民生活にインパクトを与える。しかし、それ以上に、ここではそれが貿易赤字を増大させ、燃料輸入に必要な外貨を逼迫させる可能性に注目しなければならない。電力会社が燃料輸入のために調達するドルは主に為替市場で調達されることになるから、燃料輸入の増加はドル買い円売りにつながり円安要因となる。ドルが充分に供給されなければ円安が進行するし、為替市場がドルを調達できなければ為替管理の強化も視野に入ってくる。現時点でここまでの状況を見通すことは若干行き過ぎの面もあるが、輸入燃料に頼ることのリスクは充分に認識しておく必要があるだろう。

(4) 今後の動向

　以上の分析で明らかになったのは次の5点である。①経常黒字縮小の最大の理由は貿易赤字の拡大である。②輸出金額は2012年から2年連続で拡大し、拡大傾向も明確になっているが、輸出数量は2年間ほとんど変化していない。したがって、輸出金額拡大の要因は円安による価格効果であると考えられる。③輸出の6割を占める機械製品の貿易は、輸出数量の伸びについて若干の改善傾向が出ているが、それ以上に輸入数量の伸びが目立ち、急速な赤字縮小は望めない。④輸入数量がほとんど減少していない結果、円安の分だけ輸入金額が拡大している。輸入金額の増加率は低下しているが、輸入額増加に歯止めがかかったとはいい難い。⑤輸入の3割強を占める鉱物性燃料について、発電用燃料として消費されているのは輸入量の8％程度であるが、価格が上昇しているLNGに限れば7割弱を消費している。発電用燃料の化石燃料への依存と、結果として生じる価格上昇が輸入金額の増加に与える影響の大きさは懸念すべきレベルといわざるをえない。

　経常黒字縮小の原因の1つに割高な発電用化石燃料への依存があるのだから、最適な電源構成について国民的合意が得られていない現状において解決の見通しを得ることは難しい。輸出の拡大の見通しについても、円安の効果は徐々に現れているとみられるものの、かつての円高が未だ尾をひいているような現象も観察され、輸入をカバーする水準に至る時期を見通すことはできない。過去5年の間に日本の貿易収支は為替相場とエネルギー価格に左右される度合いをますます高めており、円安の進行は貿易赤字の

縮小にはあまり寄与しない可能性も否定できない。

　本節では貿易収支について詳述した。貿易収支が赤字でも、第一次所得収支の黒字がそれを上回って経常収支が黒字だったから結局は問題ないのではないかという主張の可否はまだ検討していない。本節で提示した貿易赤字への懸念は、所得収支の黒字で解消し得るものなのであろうか。次節ではこの問題を考えていく。

2014年の通貨別国際収支と為替需給

(1) 国際収支の通貨区分の意義

　国際収支表は複式簿記の原則に基づいて作成されているので、すべての取引は原則として貸借両方に記載され、両者は必ずバランスする。逆にいえば、必ずバランスするように記載の仕方が工夫されているということである。企業会計における貸借対照表や損益計算書と同じで、計算書類としては両者とも貸借が一致するが、それが企業経営の健全性や永続性を意味するのではないのと同じである。

　貿易取引を例に考えよう。日本からアメリカに自動車が輸出されたとする。その代金は、通常の国際取引であれば日本の企業が開設している銀行口座に入金される。自動車の価格がドル建であろうと円建であろうとドルや円の現金が取引に登場することはない。この点を忘れている議論が多いが、重要なことであるので確認しておく。

　自動車の価格は100ドルだったとしよう。この取引は日米両国

の国際収支に記録されるが、アメリカ側の話はいま必要ないので割愛する。日本の国際収支には輸出100ドルが記載され、これ以外に輸出入がなければ貿易収支は100ドルの黒字となる。経常収支には貿易だけでなく、サービス取引や所得の受払が計上されるが、それらの取引がなかったものとすると、この輸出によって日本の経常収支も100ドルの黒字を計上することになる。

　ここで終われば話は簡単で、入門書ではここで留めるケースが多いが、本当はそうではない。国際収支は複式計上であるから、輸出によって得た100ドルを対応する勘定に計上しなければならない。輸出代金は銀行口座に入金されるので、輸出者は銀行に対して、たとえば当座預金の増加の形で債権を持つことになる。売り上げ増に対する預金増という形で、企業簿記ならここで終わりである。しかし国際収支ではそうはいかない。国際収支に記載されるのは居住者と非居住者の取引であるから、日本の輸出者が日本の銀行に預けている預金は計上の対象とならない。したがって、日本の銀行においてある当座預金の残高は記載されず、このままでは国際収支は完成しない。

　問題は、輸出、すなわち外国企業への売り上げに対応する入出金が非居住者に対していかなる形で行われるかということである。この場合は、米国の輸入者も日本企業と同じように自国銀行に口座を開設しているとしよう。ということは、輸入代金は米国の銀行にまず入金されて、その後に日本の銀行に回付されることになるはずである。もちろん、支払や入金の順序は途中で金融が絡んでくることで異なるが、最終的に米国の銀行は日本の銀行に対して代金を決済する義務が生じる。上述したように、この類の

国際取引で現金が登場することはなく、銀行同士の決済なら尚更である。国際取引の場合は、銀行同士が取引に先立ってお互いに口座を開設しておき、その中で資金をやり取りする方式が通例であった。

米国の銀行が輸入代金（分の資金）を日本の銀行に支払うということは、米国銀行に預けてある日本の銀行の預金が増えることになり、ここではじめて国際収支の計上対象となる。現在の形式では、この金額は「その他投資」という項目に分類されることになっていて、日本居住者の預金増は対外資産の増加としてプラスに計上することになっている。今回の取引では、その他投資の資産がプラス100ということになる。他に取引がなければ、その他投資全体が100の資産増（プラス）ということになり、その他投資が属する上位項目である金融収支もプラス100、つまり100ドルの黒字となる。

話をまとめると、日本からアメリカへの自動車の輸出によって、日本の国際収支は100ドルの経常黒字と100ドルの金融黒字を計上することになる。国際収支のバランスというのは、このように経常収支と金融収支が記帳技術上必ず等しくなることを意味するだけである（現実の記録には誤差が必ず生じるので、「誤差脱漏」という調整項目を設けている。また、資本移転収支という項目があるので、正確には「経常収支＋資本移転収支＋誤差脱漏＝金融収支」となるが、ここでは資本移転収支と誤差脱漏の存在は無視しても差し支えない）。そこから何が読み取れるか、何を読み取るかはまったく別の話である。

上記の例では、国際収支表上では100ドルの対外資産が発生し

たことになるが、これを日本国の資産であるかのように解釈するのは誤りであることも明らかだろう。100ドルは輸出者、つまり特定の日本居住者の資産であって日本国民共有の資産ではない。日本の対外資産は経常黒字が続いた結果巨額に上っており、その「有効」な「活用」を求める議論を時折みかけるが、国際収支を正確に理解していれば、それが政策的に「活用」できるようなものでないことも明白である。せいぜい、資産の所有者が政策目的に乗った形でそれを使うような環境を整備することが関の山である。

説明を進めよう。今度は日本に輸入者を登場させる。サウジアラビアから原油を200ドル輸入するとしよう。この場合は、日本の輸入が200ドルとなり、輸入は貿易収支にマイナス200として計上される。一方、金融収支にはサウジアラビアに支払った代金が最終的には米銀の預金増という形になり、日本から見れば負債の増加となる。資産も負債も増えればプラスに計上することになっているので、まず負債側にプラス200を計上し、資産から負債を引いて金融収支とする。100－200だからマイナス100ドルの金融赤字となる。

今度は2つの例を合算しよう。経常収支はプラス100マイナス200で合計マイナス100ドル、金融収支は上で計算したとおりマイナス100ドルとなる。経常収支＝金融収支＝－100ドルとなり、これで国際収支の完成である。今回の例では結局経常赤字となったが、国際収支はバランスしている。統計の上では、取引の合計額は100ドルの赤字になっているが、それは外国から借り入れたこと、つまり対外負債の増加で決済されたことになってい

る。この例では100ドルだが、どんなに巨額の赤字を計上しても統計上は必ず負債の純増で決済される。経常収支の赤字が問題無いと主張する根拠は、有り体にいえばこのようなものである。

　しかし、よく考えてみれば、この例は様々な仮定の上に成り立っていることがわかる。輸出について、米銀が100ドルの預金増を断る理由はこの場合では存在しない。問題は輸入である。日本の銀行は輸入によって、米銀に設けている決済口座に200ドルを入金しなければならないが、その200ドルはどこから来たのだろうか。日本の銀行の口座には100ドルしかない。それを使ったとしても、残りの100ドルは自分で調達しなければならない。ドルを調達できなければ、この取引は不成立となってしまう。

　200ドルは輸入者が払うのだから、結局は銀行の負担にならないのではと思うかも知れない。であるならその場合、輸入者はどこからドルを調達するのだろうか。輸入者が輸出も営んでいて、自前でドルを用意できるのであればよいが、手元にドルがなければ結局は銀行に借りなければならない。さらにやっかいなのは、借りなければならないのが外貨だということである。国内で円を借りる場合、銀行内部の調達で間に合わなければ短期金融市場で借りてもよいし、日銀のオペに応じて資金を調達することもできる。最後の貸し手として中央銀行が存在しているから、円の調達に関してはさほど心配はいらない。しかし外貨となると別である。日本の銀行同士でやり取りできればよいが、そこで足りなくなっても日銀が無尽蔵に提供してくれるわけではない。足りなければ結局米銀から借りてくるしかない。

　上記の200ドルの輸入の例では、米銀が日本の銀行に対し、差

引100ドル分の当座貸越に応じなければ取引は成り立たない。つまり、輸入に必要なドルが足りなかったということになる。国際収支がバランスしたということには、このようなドル資金の貸出に応じる相手があったことが前提になっている。一度や二度の不足ならまだしも、恒常的に輸入超過で貸付が返済される見込みがない相手には、やがて貸付は停止されることになるだろう。外国からの輸入は、自国が獲得した外貨の範囲内に限られることになる。

　ドルが足りなければ円をドルに替えて払えばよいと思うかもしれない。だが考えてみよう。たとえば銀行に行って円をドルに替えたということは、銀行の持っているドルが減るということである。交換業務を続けるには減った分を補充しなければならない。補充するには、ドルをもてあましている国内の銀行から借りてこなければならないが、どこにもドルが無ければ、最終的には米国の銀行に頼らざるを得ない。別に補充しなくてもいいのではと思うかもしれないが、そうするとドルに対して円が下落し、結局必要なドルは入手できなくなる。交換するというのは借りてくるのと結局は同じことなのである。

　このように考えてくると、国際収支から読み取るべきは、経常収支と金融収支がバランスしているということではなく、経常収支が100ドルの不足を示していて、その不足分100ドルが外国からの借入によって穴埋めされていたという、取引の内実である。繰り返しになるが、100ドルの不足が日本にとって問題になるのは、それがドルという外貨だからである。輸出入の全額が円で決済されていたとすれば、日本側にとってこの問題は生じないが、

今度は米国側が同じ問題に直面するだけである。

また、仮にドル以外の外貨で決済されていても同様である。たとえば、アメリカとサウジアラビアとの貿易の結果、経常収支＝金融収支＝－100ドルとなった状態で、ドイツに対して100ユーロの輸出をおこなったとしよう。話を簡単にするために1ドル＝1ユーロとする。この時、経常収支はマイナス100ドルであるところにドル換算で100のプラスが入り、金融収支も同様に100のプラスが入るから、経常収支＝金融収支＝0となって一件落着となるように見える。しかしこれは、100ユーロのプラスを単に1ドル＝1ユーロで換算して合算しているだけである。実際の取引で、もし米銀が100ドルの貸しを100ユーロの支払いで清算してくれなかった場合はどうなるだろう。ドル建の貸付はドルで返せということになれば日本の窮状に変わりはない。

現実の貿易取引はドル建が大半だが、輸出に関しては円建の比率も高いし、ユーロなどの他通貨も使われる。金融取引になればさらに様々な通貨が使われる。国際取引の持続性、安定性の確保という観点からは、国際収支は本来通貨別に把握されなければならない。ここまでの例でいえば、ドル建の経常収支は100ドルの赤字、ユーロ建の経常収支は100ユーロの黒字という区分が必要になるということである。もしユーロがドルと交換できるなら、米銀もユーロでの支払いを受け入れてくれるかもしれないから、両者を換算して合算しても差し支えないかもしれない。国際取引が複数の通貨で行われているにもかかわらず、国際収支が特定の通貨建でまとめて表記されていて、それが当たり前だと思われて久しいのは、基礎的な条件（通貨の「交換性」とよぶ）が成り立っ

ているからなのである。

　本章の冒頭で、国際収支はそもそも収支尻のことだと書いたが、収支尻とはこの例でいう「100ドルの赤字」「100ユーロの黒字」のことを指している。通貨別の収支尻がこのように把握できれば、100ドルの赤字を埋めるために100ドル分の円が売られることが予測できるし、100ユーロの黒字がいずれ100ユーロ分の円買いを誘発することも予測できる。あまりに外貨建の赤字が大きくなれば円は暴落するであろうし、極端な場合は外貨建取引が禁止されるかも知れない。国際収支はもともと、そのような情報を入手するためのツールだったのである。

(2)　国際収支と為替需給

　前節の末尾で述べた、所得収支の黒字が貿易赤字を埋め合わせていれば問題ないという主張の可否について考えてみよう。

　所得収支の大部分を構成しているのは、対外資産から生じる収益の受払であり、それを投資収益とよぶ。投資収益のほか、労働者に対する賃金の受払を記録する雇用者報酬という項目もあるが、日本においては規模が非常に小さいのでここでは無視して構わない。なお、所得収支は第一次所得と第二次所得に分かれているが、第二次所得には無償援助などの移転取引を記録する。2013年までは第一次所得収支は単に所得収支、第二次所得収支は経常移転収支とよばれていたが、2014年の改定で現在の名称に変更されている。本稿では第一次と第二次の違いにこだわる必要はないから、2013年以前のように、所得収支といえば第一次所得収支を指すことにしておく。

先の例をもう一度取り上げよう。アメリカとサウジアラビアとの輸出入の結果、日本の経常収支＝金融収支＝ー100ドルとなったところまで話を戻す。次は日本の機関投資家を登場させる。投資家はアメリカ国債を購入しており、今期新たに100ドルの利子収入を獲得したとすると、このドルは投資収益の受取として所得収支の黒字要因となる。これ以外に所得の変動要因は無いものとして、今期の所得収支は100ドルの黒字になったとしよう。経常収支が100ドルの赤字であったところに、新たに100ドルの所得黒字を加えたのだから、経常赤字は所得黒字で相殺されてゼロとなる。また、所得黒字の100ドルに対応する金融取引の変動はその他投資の資産100ドル増（プラス）である。これで経常収支＝金融収支＝0となる。

しかし、これはあくまで数字の上での話であって、国債の利子として得た100ドルが貿易赤字100ドルの埋め合わせに回るかどうかは別の話である。たとえば、機関投資家が利子の100ドルを円に転換して邦銀の口座に入金したとすれば、為替市場でドル売円買が発生するから、貿易赤字によって発生していたドル買円売を埋め合わせる形になる。この場合は文字通り、貿易赤字が所得黒字で相殺されたと表現しても差し支えない。国際収支表上の表現では、その他投資資産の100ドル減少（機関投資家保有分）と100ドル増加（邦銀保有分）が同時に発生するので、経常収支＝金融収支＝0のままである。

だが、機関投資家がこの利子収入を米国債へ再投資すれどうなるか。100ドルは円に転換されず、米国債という対外資産を増加させる。国際収支表では、その他投資資産が100ドル減少し、か

第4章　縮小する経常黒字と国際収支構造の変容　159

わりに証券投資資産が100ドル増加することとなり、経常収支＝金融収支＝0のままであることには変わりないが、米国債投資で稼いだドルは貿易赤字の穴埋めには回らない。

　円転と再投資の違いは、経常収支レベルでは区別がつかないが、金融収支の内容で区別ができる。そして、それが区別されなければならないのは、円とドルの需給に与える影響が同じではないからである。所得の黒字はどのような形であるにせよ日本の対外純資産となるから、日本の対外支払能力を担保する指標にはなる。その意味で、巨額の所得黒字の存在は日本の対外決済の持続性や安定性を下支えしているといえる。しかし、所得でも貿易でも黒字なら同じと考えるのは誤りである。貿易収支は円と外貨の需給に直接影響するが、所得収支が与える影響は直接的ではない。

　国際収支の表す赤字や黒字とは別に、外貨や自国通貨毎に分けた資金の出入りのことを為替需給とよぶ。上の例なら簡単であるが、現在、為替需給を国際収支だけで導出することは難しい。かつての国際収支はほぼ正確な為替需給を示していたが、それは国際取引が為替取引を介する貿易取引等に制限されていたからである。金融取引も貿易等の取引に付随するものだけしか認められていなかった。しかし、現在では金融の国際化・自由化が進行し、国際取引の範囲が拡大し、為替を介さない取引も多くなっているので、集計された国際収支表だけでは為替需給の実態がわかりにくくなっている。

　付け加えておくと、利子として獲得したドルを、所有者がドルのままでドル建輸入の決済に用いることが不可能なわけではない。取引相手が非居住者であれば、口座を移動したドルは日本の

国際収支（詳しくは金融収支）のマイナスとして計上される。貿易赤字が増えると共に日本のドル資産は減少するがドル売りは発生しない。企業のグローバル化に伴い、海外に資金センターを設置して、貿易に必要な外貨を節約するような動きも出ているが、考え方としては同じものである。これが広く普及すれば、貿易収支と為替需給との乖離が大きくなってくることが予想される。ただ、そうなった場合でも、個々の貿易による通貨の需給が企業内で集約されるだけで、いずれは収益を円に転換するときが来る。その際には預金口座を持つ金融機関（それが「銀行」という名称でなかったにせよ）を利用せざるを得ないので、結局は国際収支で把握できることになる。

(3) 通貨別国際収支の推計

それでは最後に、2014年の国際収支の通貨区分と為替需給の推定を試みよう[6]。国際収支だけで為替需給を読み解くのは難しいが、他に必要な統計についてここでは説明しない。参考文献を参照していただきたい。また、複雑な国際取引の記録であるから、他の経済統計と同じく現状の完全な把握には限界がある。以下に挙げる国際収支の通貨区分と為替需給は推定や仮定を含む値として読み取る必要があることをはじめに断っておく。

貿易収支の通貨区分は比較的容易である。財務省貿易統計の「貿易取引通貨別比率」で公表されている輸出入それぞれの取引通貨の比率に輸出入額をかければ通貨別の貿易収支が推定できる[7]。図表4.14はその推定結果である。2014年上半期においては、世界全体に対する日本の貿易赤字は約7.6兆円であったのが

図表4.14 日本の地域別・通貨別貿易収支（2014年）

(10億円)		輸出		輸入		差引額	
		上半期	下半期	上半期	下半期	上半期	下半期
世界		35,048	38,045	42,676	43,233	-7,628	-5,188
	ドル	18,365	20.354	31,623	31,733	-13,258	-11,379
	円	12,792	13.582	8,749	8,993	4,044	4,590
	ユーロ	2,173	2207	1,494	1,556	679	650
	その他	1,717	1.902	811	951	906	951
アメリカ		6,465	7,185	3,682	3,861	2,783	3,324
	ドル	5,534	6,207	2,890	3,054	2,644	3,154
	円	924	963	751	764	173	198
	ユーロ	6	7	29	39	-23	-31
	その他	0	0	0	0	0	0
EU		3,701	3,884	4,071	4,098	-369	-214
	ドル	503	563	468	512	35	51
	円	1,107	1,146	2,141	2,152	-1,034	-1,006
	ユーロ	1,917	1,946	1,315	1,283	603	663
	その他	174	229	147	152	27	78
アジア		18,799	20,719	18,911	19,707	-112	1,013
	ドル	10,001	11,101	13,767	14,445	-3,766	-3,340
	円	8,102	8,785	4,633	4,552	3,469	4,233
	ユーロ	0	0	57	177	-57	-177
	その他	696	829	454	532	242	297
その他		6,082	6,258	16,012	15,568	-9,929	-9,310
	ドル	2,327	2,478	14,497	13,722	-12,170	-11,244
	円	2,659	2,689	1,223	1,524	1,436	1,164
	ユーロ	249	254	93	58	156	196
	その他	848	837	199	264	648	574

［注］貿易統計から算出した値であり、国際収支上の貿易収支とは合致しない。端数処理の都合上、各項目の合計と集計値とが合わない場合がある。
［資料］財務省貿易統計「貿易取引通貨別比率」 平成26年上半期および下半期

下半期には5.2兆円に減少している。そして、その赤字のほとんどはドル建だということがわかる。下半期のドル建の赤字額は対世界で11.4兆円と前期に比べて約2兆円減少しているが、赤字が発生しているのは「その他」（中東やラテンアメリカ、オセアニアなど）地域とアジアであり、ほとんどは鉱物性燃料をはじめとする一次産品輸入によるものと考えられる[8]。前節で詳述した燃料輸入の増大は、ドル建の貿易赤字拡大に結びついていることがよくわかる。

　サービス収支や第一次所得収支、第二次所得収支の通貨別区分は困難である。税関を通った貨物の集計をベースに作成する貿易収支は取引通貨の把握が比較的容易であるが、あとの3つは取引そのものを把握することが難しいからである。ここはある程度の推定を入れざるを得ないが、国際収支以外に提供されている統計で補完すれば、ある程度の信用に足る推定を行うことは可能である。

　推定の詳細は参考文献を参照していただくとして、推計の結果を示しておこう。図表4.15は国際収支を円と外貨の部分に区分した結果をまとめたものである。国際収支の中身の変化が比較しやすいように2年分を掲載している。細部の推定は奥田宏司氏が提案されている方法に従った。2013年は奥田氏の推計を掲載したが、2014年は筆者が推計をおこなったものである。

　集計は半期ごとにおこなっている。上のブロックが経常収支を通貨別に区分したもので、各期の左側が円貨分、右側が外貨分になっている。最新の2014年度下半期を例に詳しく説明すると、円貨分の経常収支は13.7兆円の黒字で外貨分の経常収支（の円

図表 4.15　国際収支通貨区分の推定値（単位：兆円）

2013年［奥田宏司、2014年による推計］

	上半期 円	上半期 外貨	下半期 円	下半期 外貨
貿易収支	4.1	-8.9	4.0	-10.6
サービス収支	7.1	-7.8	7.1	-8.0
投資収益収支	0.3	8.4	0.2	7.6
直接投資	-0.6	3.7	-0.7	2.9
証券投資	0.5	4.7	0.5	4.7
その他投資	0.4	-0.1	0.4	0.0
経常移転収支	0.9	-1.4	0.7	-1.2
通貨別経常収支	12.4	-9.7	12.0	-12.2
経常収支（全通貨）	2.7		-0.2	
金融取引で海外部門が必要とする円貨資金（参考）	4.7		8.0	
為替取引を通じて供給された円資金（参考）	-1.0		10.5	
銀行部門本支店勘定の増減（ネット）	10.1		4.0	

2014年［筆者による推計］

	上半期 円	上半期 外貨	下半期 円	下半期 外貨
貿易収支	4.0	-11.7	4.6	-9.8
サービス収支	8.5	-10.0	8.8	-10.4
投資収益収支	-0.2	8.7	-0.6	10.5
直接投資	-0.6	3.3	-1.1	5.0
証券投資	0.2	5.2	0.3	5.3
その他投資	0.2	0.2	0.2	0.2
第二次所得収支	0.9	-2.0	0.9	-1.7
通貨別経常収支	13.2	-15.0	13.7	-11.4
経常収支（全通貨）	-1.8		2.3	
金融取引で海外部門が必要とする円貨資金（参考）	2.3		10.2	
為替取引を通じて供給された円資金（参考）	10.6		16.6	
銀行部門本支店勘定の増減（ネット）	-5.6		0.4	

(注) 2014年の項目分類は2014年に改定された国際収支発表形式に合わせている。ただし、第一次所得収支については内容のほとんどが投資収益であるため、項目名も投資収益収支で代表させている。貿易収支の値は貿易統計を用いて算出しているため、国際収支表の値とは異なる。他の値も、推定をもとに算出しているため、同じ名前の他の統計と数値が異なることがある。（参考）を付した値については、簡略化のために詳細な説明を省略しているので、利用には留意されたい。

換算額に相当するもの）が11.4兆円の赤字となっている。経常収支全体は黒字であるが、正確にいえば黒字なのは円建だけであって、外貨建では赤字である。貿易収支の外貨分が赤字であることは、貿易統計をベースに比較的容易に算出できるが、所得収支の黒字を加えても経常取引全体に必要な外貨を確保できるには

至っていないのである。

　もっとも、円貨分の黒字が外貨分の赤字を上回っていれば、外貨分の赤字は経常収支の範囲内で解消することが可能である。しかし、2014年上半期や2013年下半期のように外貨建赤字が円貨建黒字を上回り、経常収支全体が赤字に転じた場合は、経常取引以外の方法で外貨を獲得しなければならなくなる。もっとも、経常収支が黒字になれば問題が無いわけでもない。経常黒字は、国際収支の定義上対外資産の純増を意味するが、この対外資産には様々な種類があり、黒字がどのような資産の純増に結びついているかについて注意を払わなければならないのである。

　経常収支だけでなく、金融収支に区分される取引を含めて通貨（為替）の需給を示したのが下のブロックである。金融収支の通貨区分は経常収支よりもずっと困難であるが、これについても詳細は参考文献に譲る。2014年下半期を例に取ると、下ブロックの1行目は金融取引の結果、海外部門で必要になった円貨の額である。この期では金融取引の結果、10.2兆円分の円貨を海外部門は調達しなければならなくなったことを示している。2行目は日本の銀行の為替取引によって海外に供給される円資金を表している。経常取引の結果、日本で多額の外貨が必要になるが、その外貨は銀行から為替取引の形で入手することになる。銀行は外貨と引き替えに円貨を入手し、さらにポジション調整や資金調整のために銀行間でそれを売却したり貸し付けたりする。日本の銀行が為替市場を通じて供給した円は、結局は海外で必要な人の手に渡ることになる。この金額が2014年下半期は16.6兆円だったということである。そして3行目は、銀行部門の本支店勘定の増減を

示している。かなりテクニカルになるので説明は省略するが、1行目と2行目の「バッファ」として考えておけばよいだろう。14年の上半期と下半期で比較すると、上半期は海外部門が2.3兆円の円を必要としているところに為替取引で10.6兆円の円資金が供給されている。差引8.3兆円の供給過剰であるが、銀行部門の本支店勘定の残高が5.6兆円減少している。この減少は資産の引き揚げや負債の返済を意味している。つまり、上半期には円貨の余剰分が本支店勘定の圧縮に回ったとみることができるのである。本支店勘定には外貨建の部分があり、これだけの説明では不十分で、あくまでひとつの可能性にとどまることを指摘しておかなければならないが、円貨の「余剰」は最終的に2.7兆円（=8.3兆円−5.6兆円）で済んだということもできる。

　一方、下半期で同じ計算をすると、円貨は差し引きで6.4兆円（＝10.2兆円−16.6兆円）多く供給されているが、本支店勘定も0.4兆円拡大している。トータルの円貨「余剰」は6.8兆円（=6.4兆円＋0.4兆円）となり、上半期よりも大きく、世界的に円がだぶついた可能性がある。金額には誤差が含まれていることを承知でいうと、この差が14年下半期に円安が加速した構図を表しているともいえる。

　もう1つだけ指摘しておこう。2013年上半期と2014年下半期を比べてみると、両期の経常黒字は前者が2.7兆円、後者が2.3兆円とほぼ同じ水準にある。しかし、下のブロックで示す為替需給の形は大きく異なっている。13年上半期は海外部門が必要とした円貨額4.7兆円に対して、日本の銀行から為替市場に供給された円貨はマイナス1兆円、つまり為替市場でも円が不足する状

態になった。その一方で、本支店勘定は 10.1 兆円と大きく拡大し、巨額の円貨資金がこのルートで供給されたことを示唆している[9]。一方、2014 年下半期では、海外部門が必要とした円貨資金 10.2 兆円を超える 16.6 兆円の円貨資金が銀行の為替取引を通じて供給されており、本支店勘定の資産純増はわずか 0.4 兆円に過ぎない。2013 年上半期と 2014 年下半期はともに円安が進んだ時期であったが、円とドルの需給構造は大きく異なっているのである。経常黒字の絶対額と為替相場の動向だけをみていては、2 つの期間に起きた国際金融上の変化を見落としてしまうかもしれない。

おわりに

本章では、鉱物性燃料への依存が為替需給に影響を及ぼしていることと、国際収支と為替需給を同じに考えてはならないという 2 つの点を論じてきた。いずれも日本経済にとって重要な課題と思われるが、両者を一貫した視角で分析したものは少ないように思われる。公開講座から続くこの試みが、日本の対外経済関係に対する理解を深める一助となれば幸いである。

【注】

1) 田中綾一「日本の経常収支動向と国際収支分析の問題点―縮小する経常黒字と 2014 年上半期の国際収支構造―」『関東学院法学』第 24 巻第 3 号、2015 年 1 月、79-107 頁。
2) 電力需要のピークについて、1960 年代まではピークらしいものは見られなかったが、70 年代半ばから冷房需要による夏のピークが目立ち始

めた。そして、1990年代中頃までは夏だけであったピークが、冬の暖房需要の高まりに合わせて夏・冬と2つの山を持つ形に変化してきている。2013年度は1月の電気使用量が最も大きく、次いで8月、2月の順であった。［資源エネルギー庁『エネルギー白書2014』第4節］

3) この事実は、以下の新聞記事でも確認することができる。2011年9月4日から11月5日の2ヵ月間のC重油輸入量が前年同期比で3.1倍になったことが記されている。「火力発電用燃料の輸入衰えず　原発停止で調達拡大」日本経済新聞電子版、2011年11月11日（2015年5月3日閲覧）。
4) この段落の記述は、電気事業連合会「電力の燃料調達を巡る動向について」（2009年1月26日）の内容に依拠した。
5) 現実には、都合の良い時にタイミングよく輸入することは難しいであろうから、一定の需要計画に基づいていることは当然であろう。ただ、全体的に見て、国内で足りない分を輸入に頼るという見方に大きな間違いはないものと考える。
6) 推定の方法、および2013年推定値の解釈については、奥田宏司「日本の通貨別貿易収支と対米ファイナンスの覚書」『立命館国際研究』2巻1号、2014年6月、14-36頁に拠っている。推計の限界についても本論文に詳しい。
7) ただし、貿易統計と国際収支では輸出入の計上基準が異なるなど、そのままでは比較できない点がある。詳しくは上記参考文献を参照されたい。
8) 発電用の原油はインドネシアからの輸入が多い。
9) 前でも述べているように、本支店勘定の純資産増（外国への資金流出）の内容には外貨と円貨の両方が含まれるので、10.1兆円の内容は図表4.15だけでは判断できない。ただし、2013年上半期については、そのほとんどが円貨資金であったことが奥田氏の上記参考文献で明らかにされている。

【参考文献】

① 奥田宏司「日本の通貨別貿易収支と対米ファイナンスの覚書」『立命館

国際研究』2 巻 1 号、2014 年 6 月、14-36 頁。
② 田中綾一「日本の経常収支動向と国際収支分析の問題点—縮小する経常黒字と 2014 年上半期の国際収支構造—」『関東学院法学』第 24 巻第 3 号、2015 年 1 月、79-107 頁。
③ 寿崎雅夫「国際収支統計と為替需給」『専修経済学論集』第 74 号、85-123 頁。
④ 日本銀行国際局「国際収支関連統計の見直しについて」*BOJ Reports & Research Papers*, 2013 年 10 月。

第5章　TPP の意義とわが国への影響 [1]

はじめに

　2010年11月9日、菅内閣は、「包括的経済連携に関する基本方針」を閣議決定して [2]、アジア太平洋自由貿易圏（FTAAP）構想の実現に向けた道筋のなかで、「環太平洋パートナーシップ（TPP）協定については、その情報収集を進めながら対応していく必要があり、国内の環境整備を早急に進めるとともに、関係国との協議を開始する」とした。当時あまり知られていなかったTPPという協定への参加表明は、マスコミからは「平成の開国」、あるいは「開国か、鎖国か」という形で大きく取り上げられることとなった。

　TPP は、すべての品目の関税の撤廃や非関税障壁の撤廃のみならず、サービス貿易の自由化を含む包括的な協定であるが、もともと、TPP は、2006年にシンガポール、ニュージーランド、チリ、ブルネイの4カ国で発効した「環太平洋戦略的経済連携協定」（通称「P4」または「P4協定」）[3] がもとになっている。P4協定は、例外のない関税撤廃をめざす質の高いFTAであり、物品の貿易、サービスの貿易、政府調達、知的財産権、労働、環境などの広範な分野を対象とする一方、APEC参加国・地域の加盟を歓迎する規定を設けている [4]。これを受けて、4カ国は、APEC参加国への参加を呼びかけ、2010年には、米国、オース

トラリア、ペルー、ベトナムが参加して、交渉が始まった。さらに、2010年にはマレーシア、2012年にメキシコとカナダが加わり、2013年には日本が参加し、現在12ヵ国の間で交渉が行われている。

ところで、米国では、オバマ政権は、誕生以来、しばらくは、国内雇用への影響や労組などの反対からTPPにほとんど言及しなかったが、2013年の一般教書演説において、アメリカの輸出を拡大し、雇用を促進することをめざして、TPP交渉を推進することを明確に宣言した[5]。オバマ大統領は、米国の労働者を守り、米国の雇用を創出するため、輸出を倍増する計画を打ち出していたが[6]、そのためには、アジア太平洋地域への貿易拡大が必要であり、TPPを推進することが不可欠と考えられたのである。すなわち、米国のTPP推進は、米国企業、とりわけ中小企業が各国の法的規制や安全基準、市場システム、市場慣行などに阻まれて輸出を拡大できないことから、米国政府が先導して現地の規制を撤廃させ、海外市場への輸出機会を拡大し、米国の地域雇用を拡大しようとするものである。したがって、オバマ政権は、例外なくほぼ完璧な自由化を求めるTPPに着眼し、広大なアジア太平洋地域への貿易拡大を狙うものであり、金融・保険、サービス、ハイテク、通信・インターネット、医療などの、いわば米国が最先端を走っている分野を、TPP交渉の中核に据えているのである。

他方、わが国では、TPPは、農産物の関税問題、とりわけ、コメに対する高関税の撤廃だけが大きく取り上げられ、農業の保護と工業製品の輸出促進というきわめて単純な図式で議論されて

きた。しかし、TPPは、すべての品目の関税と非関税障壁を撤廃すると同時に、サービス貿易の自由化を求める包括的な通商協定であり、合意されれば、多くの産業分野で規制や構造の改革に迫られることになるであろう。

ところで、世界貿易に関するさまざまな国際的ルールを定めるWTO（World Trade Organization、世界貿易機関）協定では、加盟国間での差別待遇を禁止する最恵国待遇原則の例外として、FTA（Free Trade Agreement、自由貿易協定）を認めている。もっとも、わが国では、EPA（Economic Partnership Agreement、経済連携協定）という言葉が使われているが、FTAもEPAも実質的な差はない。ただ、FTAは、物品の関税の撤廃とサービス貿易の障壁の撤廃を目的とするのに対して、EPAは、貿易の自由化に加えて、投資の自由化や投資ルールの制定、知的財産権の制度の整備、競争政策ルール、人的交流の拡大、さまざまな分野での協力を含む、幅広い経済関係の強化を目的とする協定であり、最近では、EPAという言葉は世界的に通じにくくなっていると言われている[7]。

いずれにしても、TPPは、関税障壁を締約国間で撤廃する一方で、域外の国に対しては、共通の域外関税を設けず、加盟各国の通商政策を維持しようとするものであるから、その本質は、FTAである。FTAについては、ガット第24条は、例外として認める要件の1つとして、「実質的にすべての貿易」について関税撤廃を行うものと規定している[8]。現在、わが国EPAの関税撤廃率は、90％に満たないといわれるが[9]、米国・カナダ・メキシコ間でのNAFTAでは、98％以上の貿易について、また、EU

が関連するFTAでも概ね97％以上の貿易について関税が撤廃されている[10]。わが国のEPAが、このような状況となっているのは、やはり農産物に関連する関税撤廃ができない品目が多いことが原因となっているとの指摘がなされている。これまで国内農家を保護してきた農産物の関税をTPPでは撤廃せざるを得なくなるのではないかとの懸念が強く、TPP反対にいっそう拍車をかけているとも言える。このような反対に対して、政府は、現在[11]、農産物の関税を撤廃するとともに、わが国における農業の構造改革を行うため、政府は、全国に約700ある地域農協を束ねてきたJA全中（全国農業協同組合中央会）の監査権を全廃し、解体する方針を固めている。地域農協を監査・指導する特別な権限を与えられた全中と、47都道府県にある農協中央会の制度を規定する農協法第3章の削除を柱とした同法改正案が、2015年1月下旬から始まる通常国会に提出される。

　そこで、以下では、TPPの本質とTPPによる日本への影響を検討するため、「TPPの内容と特徴」では、TPPの成立経緯を考察したのち、TPPの母体となったP4協定の内容と、TPP交渉について検討を行う。続く「WTOとTPP」では、TPPの法的本質がFTAであることから、FTAとWTO・ガットとの法的関係を検討する。これらを踏まえて、「結びにかえて～TPPのわが国への影響」において、TPPのわが国への影響を考察し、若干の私見を述べることにする。

第5章　TPPの意義とわが国への影響　173

TPPの内容と特徴

(1)　TPPの成立経緯

　TPPは、太平洋を取り巻く諸国で締結する多国間のFTAであり、すべての品目の関税や非関税障壁の撤廃のみならず、サービス貿易の自由化を含む包括的な協定である。その基礎となったのは、アジア・太平洋の諸国で構成するAPEC（Asia-Pacific Economic Cooperation、アジア太平洋経済協力）であり、1989年、オーストラリアのホーク首相の提唱で、日本、米国、カナダ、韓国、オーストラリア、ニュージーランド、および当時のASEAN6カ国の計12カ国で発足し、その後、中国やロシアなどが参加して、現在では21カ国が参加している。APECは、わが国の大平元首相の「環太平洋連帯構想」[12]が端緒となり、アジア・太平洋地域における貿易と投資の自由化、経済・技術協力を目的とした経済協力の枠組みであるが、条約等に基づいて設立された組織ではなく、非公式なフォーラムである。そのため、APEC参加国のうちの12カ国が、より拘束力をもった自由な貿易圏の創設をめざそうとしたのが、TPPである。

　また、TPPのもととなったP4協定の締約国であるシンガポール、ニュージーランド、チリ、ブルネイの4カ国は、経済規模ではいずれも中規模国であり、もともと貿易障壁が低いという点で共通している。シンガポールは、国土がきわめて狭い都市国家で、国内に農林水産業がほとんど存在せず、自由貿易で成り立っ

ている国で、関税も早くからゼロになっており、わが国と初めてEPA を締結した相手国でもある[13]。ニュージーランドは、農業品目の国際競争力が高く、80 年代から独自に関税を引き下げてきたことにより、農業品目、工業品目ともに関税がきわめて低くなっている。さらに、チリも、ニュージーランドと同様、農水産品の輸出に力を入れ、規制緩和が進んでおり、ブルネイは、石油と天然ガス輸出への依存度が大きく、その転換のため、外国資本を誘致して自由貿易を積極的に推し進めてきた。これらの経済規模の決して大きくない 4 カ国が、戦略的な提携により高いレベルの自由化を目指そうとしたのが、P4 協定である。

TPP は、その交渉に、米国と日本が参加したことで、参加 12 カ国の GDP の合計は世界の 4 割弱、貿易額は世界の 3 分の 1 を占めることとなり、その注目度は大きく高まることとなった。当初、米国は、すでに関税率が下がり、市場拡大の見込みが低い工業製品よりも、米国が強みとする金融サービスや投資の分野のみ参加を表明したが、2008 年 9 月にはすべての分野への交渉参加を表明した。

ところで、わが国では、2011 年 11 月の APEC 首脳会議で当時の野田首相が「TPP 交渉参加に向け関係国との協議に入る」と表明し、当時交渉に参加していた 9 カ国との協議に入った。しかし、TPP 交渉参加に具体的に動き出したのは、安倍政権発足後であり、2013 年 2 月に行われた安倍・オバマ両首脳会談での共同声明において、「聖域なき関税撤廃は前提でないことが明らかになった」として、安倍首相は、交渉参加の意向を示し、同年 3 月、正式に TPP 交渉への参加を表明した[14]。

2010年10月に菅直人元首相が所信表明演説で突然、TPP交渉への参加を打ち出して以来、TPP交渉への参加をめぐって賛否両論が激しく展開された。交渉参加に積極的な勢力からは、関税撤廃により日本の輸出競争力が高まり、国内では輸入品が安くなる、投資や金融サービスのルールが整備され、企業も国際化し、生産性が高まる、また、アジア太平洋地域の貿易・投資ルールのスタンダードとなりうるTPPに積極的に関与すべきである、などの主張がなされた。他方、TPPに反対する勢力からは、実質的に米国から農産物の市場開放を迫られる日本の被害が大きく、また、ISDS（Investor-State Dispute Settlement、投資家政府紛争処理）条項が導入されれば、米国の投資家から日本政府が訴えられる可能性が生じる、国民皆保険が崩壊する、医薬品の特許期間が延長されて医薬品が高くなる、郵政事業が自由化させられる、食品の安全基準が低くなる、などさまざまな議論が飛び出し、混乱した状況にある[15]。

(2) TPPの内容

TPPの母体であるP4協定は、前文、第1章から第20章で成り立っている[16]。前文（Preamble）に続いて、「第1章 設立条項（Initial Provisions）」、「第2章 一般的定義（General Definitions）」、「第3章 物品貿易（Trade in Goods）」、「第4章 原産地規則（Rules of Origin）」、「第5章 税関手続（Customs Procedures）」、「第6章 貿易救済（Trade Remedies）」、「第7章 衛生植物検疫措置（Sanitary and Phytosanitary Measures）」、「第8章 貿易の技術的障害（Technical Barriers to Trade）」、「第9章 競争政策（Competition Policy）」、

「第10章 知的財産（Intellectual Property）」、「第11章 政府調達（Government Procurement）」、「第12章 サービス貿易（Trade in Services）」、「第13章 一時入国（Temporary Entry）」、「第14章 透明性（Transparency）」、「第15章 紛争解決（Dispute Settlement）」、「第16章 戦略的提携（Strategic Partnership）」、「第17章 行政及び制度的条項（Administrative and Institutional Provisions）」、「第18章 一般的条項（General Provisions）」、「第19条 一般的例外（General Exceptions）」、「第20章 最終条項（Final Provisions）」が設けられている。

まず、物品に関する貿易については、第3章第4条（Article 3.4）[17]において、本協定に別段の定めがある場合を除き、いかなる締約国も、原産国に対して、既存の関税を引き上げ、あるいは関税を導入することはできないものと規定している（第1項）。すなわち、締約国の原産品に対するすべての関税を撤廃するものとし、シンガポールは即時、ニュージーランドとブルネイは2015年、チリは、2017年を約束している。他方、非関税障壁についても、WTO協定に基づく権利と義務、もしくは本協定のその他の規定に従う場合を除いて、いかなる締約国も、他の締約国の産品の輸入、または他の締約国の領域に向けた産品に対して非関税障壁を適用または維持してはならない、と規定している[18]。また、締約国の産品については、内国民待遇が与えられて、自国の産品と同様に取り扱われ[19]、さらに、輸出税[20]および輸出補助金[21]についても撤廃することを規定しており、きわめて高い自由化を求める協定となっている。

P4協定は、物品の貿易の自由化のみならず、サービス貿易に

ついても、第12章において自由化の対象としているが、その内容は、GATS（General Agreement on Trade in Services、サービス貿易に関する一般協定）にほぼ倣ったものになっており、GATSに盛り込まれている最恵国待遇の付与[22]、内国民待遇の付与[23]および市場アクセス制限の禁止[24]などの義務を定めている。特定のサービス業種[25]を除き、すべてのサービス分野[26]ごとに、サービス供給を4つのモード（越境取引、国外消費、商業拠点、人の移動）に分けて、自由化の約束をする、あるいは自由化の約束から留保をする仕組みになっている。

第6章では、「貿易救済」、すなわち「セーフガード」について規定しているが、これは、産品の輸入が急増し、国内産業に被害が生じ、あるいはそのおそれがある場合には、国内産業を保護するために、当該産品に対して、一時的に緊急措置をとることができるとするものである。WTO協定の附属協定におけるセーフガード協定で定められている権利義務を確認しているのみで、特に新たな規定または措置を規定するものではない。

これらの規定のほか、「第5章 税関手続」、「第7章 衛生植物検疫措置」および「第8章 貿易の技術的障害」は、貿易の円滑化をはかるため、通関手続や税関の協力、関税評価の方法などを定めたものであり、それぞれ、WTO協定附属協定のなかに対応する協定が存在する。

第10章では、知的財産に関して定めているが、きわめて簡素な規定であり、P4協定は、WTOの「知的財産権の貿易的側面に関する協定」（Agreement on Trade-Related Aspects of Intellectual Property Rights, TRIPs協定）を基本として、内国民待

遇、最恵国待遇、透明性、手続の簡素化、特許、意匠、商標、地理的表示、著作権、不正競争、権利執行に関する規定が含まれており、TRIPs協定の水準を上回る規定はほとんどない。また、第11章では、中央政府や地方政府等による物品やサービスの調達、すなわち政府調達に関して、自国の産品・サービスや供給者に与える待遇と他の締約国の産品・サービスや供給者に与える待遇を同等にすることを規定している。

　これらの規定に対して、「第9章　競争政策」は、対応するWTO協定の附属協定は存在しないが、貿易や投資の自由化によって得られる利益が、カルテルなどの反競争的制限行為によって阻害されることを防止するため、各国の独占禁止当局（競争当局）の適正な執行が必要であり、そのための協力を定めている。

(3)　TPP 交渉

　現在、TPP交渉には、P4締約国であるブルネイ、チリ、ニュージーランド、シンガポールの4カ国に加えて、米国、オーストラリア、ペルー、ベトナム、マレーシア、メキシコ、カナダ、日本の12カ国が参加し、21分野、24作業部会で議論が行われている。ただ、各作業部会での検討内容や協定文案などについては、公開されていないため、P4の協定文やTPP交渉参加国が締結したFTAの内容を政府が公表したTPPに関する資料、TPP関連記事から推測せざるを得ないのが現状である。

　TPP交渉の21分野には、次のようなものが含まれる[27]。

① 　物品の貿易に関して、関税の撤廃や削減の方法を定め、内国民待遇等の基本的ルールを定める「物品市場アクセス」

分野
② 関税の減免の対象となる締約国の原産品の認定基準や証明制度等を定める「原産地規則」分野
③ 貿易規則の透明性の向上や貿易手続の簡素化等を定める「貿易円滑化」分野
④ 食品の安全性確保や動植物の病害虫の侵入防止に関するルールを定める「SPS（衛生植物検疫）」分野
⑤ 強制規格や任意規格が貿易の不必要な障害とならないようにルールを定める「TBT（貿易の技術的障害）」分野
⑥ 産品の輸入が急増し、国内産業に被害が生じ、あるいはそのおそれがある場合には、国内産業を保護するために、当該産品に対して、一時的に緊急措置をとることができるセーフガード措置について定める「貿易救済（セーフガード）」分野
⑦ 中央政府や地方政府等による物品・サービスの調達に関して、内国民待遇の原則や入札の手続等のルールを定める「政府調達」分野
⑧ 知的財産の効果的な保護、模倣品や海賊版の取り締まり等についてルールを定める「知的財産」分野
⑨ 貿易・投資の自由化で得られる利益が、カルテル等により害されるのを防ぐため、競争法や競争政策の強化・改善、政府間協力、国有企業に関する規律等について定める「競争政策」分野
⑩ 国境を越えるサービスの提供に対する無差別待遇や市場アクセスを制限する措置に関するルールを定める「越境サー

ビス」分野
⑪ 貿易・投資等のビジネスに従事する自然人の入国及び一時的な滞在の要件や手続等に関するルールを定める「一時的入国」分野
⑫ 金融サービス分野に関する特有の定義やルールを定める「金融サービス」分野
⑬ 電気通信分野における主要サービス提供者の義務等に関するルールを定める「電気通信」分野
⑭ 電子商取引のための環境整備に必要なルールを定める「電子商取引」分野
⑮ 内外投資家の無差別原則や投資家に関する紛争解決手続等を定める「投資」分野
⑯ 貿易や投資を促進するために環境基準を緩和しないことを定める「環境」分野
⑰ 貿易や投資を促進するために労働基準を緩和しないことを定める「労働」分野
⑱ 協定の運用等に当事者間で協議する「合同委員会」の設置や権限について定める「制度的事項」分野
⑲ 締約国間紛争を解決する手続を定める「紛争解決」分野
⑳ 協定の合意事項を履行するための国内体制が不十分な国に技術支援や人材育成を行うことについて定める「協力」分野
㉑ 複数の分野にまたがる規制や規則が通商上の障害にならないように規定を定める「分野横断的事項」分野

これらの分野に対応して、それぞれ作業部会が設けられているが、物品市場アクセスの分野は、「農業」、「繊維・衣料品」、「工

業」の3つの作業部会に分けられ、また、特定の分野を扱わない「首席交渉官会議」もあるため、作業部会の数としては24になる。

　各交渉分野の検討内容や策定されている条文案は、非公開のため、その詳細を知ることはできないが、これらの交渉分野を概観してみると、物品やサービスの市場アクセスの促進を図ろうとする分野、非関税分野でのルール作りをめざす分野、およびTPPの運用等に関する分野に3つに大きく分けられる。

　まず、物品やサービスの市場アクセスの促進を図ろうとする分野は、物品の貿易に関する「物品市場アクセス」分野、サービスの市場に関する「一時的入国」分野、「金融サービス」分野、「電気通信」分野および「投資」分野であり、いずれの分野も、アジア太平洋地域における高い水準の自由化を目標とし、これまでのいずれのFTAより高い水準の自由化をめざそうとするTPPにとって中核となる分野である。すなわち、物品の市場アクセスは、関税の撤廃によって実現されるが、実際に、P4協定は、関税について、「特段の定めのない限り、すべて撤廃する」[28]としており、約9割以上の品目の関税を即時撤廃し、その他は原則10年以内に段階的に撤廃することになっている。他方、サービス市場や投資市場については、その開放のため、自国市場への外国企業の参入を制限している国内規制、たとえば、サービス産業に従事する外国人労働者の入国・滞在の制限、外国資本の出資比率上限設定、ローカルコンテント要求、輸出入均衡要求などの措置を緩和し、あるいは撤廃することによって実現されることになる。

非関税分野でのルール作りをめざす分野は、「貿易円滑化」分野、「原産地規則」分野、「SPS（衛生植物検疫）」分野、「TBT（貿易の技術的障害）」分野、「貿易救済（セーフガード）」分野、「政府調達」分野、「知的財産」分野、「競争政策」分野、「電子商取引」分野、「投資」分野、「環境」分野、「労働」分野、「分野横断的事項」分野である。これらの分野のうち、「貿易円滑化」分野および「電子商取引」分野では、WCO（世界税関機構）や、WTO協定の附属協定としての関税評価協定、船積み前検査協定および輸入許可手続協定など、多国間での関税手続や取引決済の円滑化を図る規制が国際的に進められているため、TPPは、これらをいっそう推進することをめざしている。また、SPSの分野やTBTの分野、貿易救済の分野では、すでにWTO協定の附属協定であるSPS協定およびTBT協定において、国際的な規準に基づいた規制を義務づける規定が設けられ、また、「貿易救済」分野でも、WTOセーフガード協定のなかで措置の発動要件や手続の明確化や加盟国間での統一化が定められ、TPPは、このようなWTOの義務に追加する形で検討が行われている。さらに、「知的財産」分野については、WTO協定の附属協定であるTRIPs協定が、知的財産の保護の国際的な最低基準を定めて、加盟国に国内法での保護を義務づけ、知的財産の保護のための手続や執行に関する規定も設けているが、さらに、TPPでは、特許や著作権の保護期間の延長や商標・著作権の裁判手続による執行強化など、米国がTRIPs協定の水準を上回る規定を盛り込むことを主張している。また、「競争政策」分野では、通常、資金面や規制上の優遇措置を政府から受けていることから、国有企業

に対する補助金を規制し、国有企業向けの優遇措置を撤廃することにより、民間企業による競争条件の歪曲を是正するための規律が議論されているが、国有企業に対する規制を盛り込むべきとの主張が米国からなされている。「労働」の分野に関しては、米国のFTAでも「労働における基本的原則及び権利に関するILO宣言」[29)]に盛り込まれている労働基準と労働基本権の遵守を取り入れているものが多く、TPPでもその方向で検討されるものと思われる[30)]。

　さらに、これらの規制をその性格ごとに分類すると、国際的調和を図ろうとするもの、各国の相互承認を通して同等な環境を作ろうとするもの、規制の公表を通じて透明性を図ろうとするものに大別されよう。たとえば、「貿易円滑化」分野、「原産地規則」分野、「貿易救済（セーフガード）」分野、「知的財産」分野などでは、国際協定を通じて、締約国の規制を調和させ、締約国間の規制の違いを解消・減殺しようとする、いわゆる「国際的調和型」の規制が含まれているが、それに対して、「TBT」の分野にみられるように、各締約国の規制は維持しながら、相手国の資格や規制を自国のそれと同等のものと見なし、相互に承認しあうことにより、企業や個人が同じ環境の下で活動できるようにする、いわゆる「相互承認型」性格を有する規制が含まれている。また、「TBT」、「SPS」および「分野横断的事項」の各分野には、各締約国の規制はそのまま維持しながら、他の締約国の政府や企業、個人にその規制の詳細を公表することにより、規制の透明性を図ろうとする、いわゆる「透明性確保型」の規制が含まれている[31)]。

これまで、TPP の内容と特徴を考察してきたが、その内容は、関税障壁を締約国間で撤廃する一方、域外の国に対しては、共通の域外関税を設けず、加盟各国の通商政策を維持しようとするものである。したがって、その法的本質は、FTA であるが、WTO 協定は、ガット第 24 条において、加盟国間での差別待遇を禁止する最恵国待遇原則の例外として、FTA（Free Trade Agreement、自由貿易協定）を認めている。そこで、「WTO と TPP」では、さらに、WTO 協定と TPP との関係について検討を加えていくことにする。

WTO と TPP

(1) WTO 協定の概要と特徴

① WTO 協定の概要

WTO 協定は、大きく次の5つの部分に分けられる。すなわち、「WTO を設立するマラケシュ協定」（Marrakesh Agreement Establishing the World Trade Organization)、「多角的貿易諸協定」（Multilateral Trade Agreements)、「紛争解決に係わる規則及び手続に関する了解」（Understanding on Rules and Procedures Governing the Settlement of Disputes, DSU)、「貿易政策検討制度」（Trade Policy Review Mechanism, TPRM)、「複数国間貿易協定」（Plurilateral Trade Agreements）である。

ここで注意をしなければならないのは、WTO 協定が、1947 年ガットの規定を付属書 1A のなかにその文言を修正することなく

取り込んでいることである。したがって、WTO協定本文の規定と1947年ガットの規定が矛盾する場合があり、また、ウルグアイ・ラウンド交渉で策定された諸協定とWTO協定の規定が抵触する可能性もある。このような場合には、WTO協定第16条3項において、「この協定の規定といずれかの多角的貿易協定との規定とが抵触する場合には、抵触する限りにおいて、この協定の規定が優先する」としている。法的な観点からは多くの問題を残すが、もともと、ウルグアイ・ラウンド交渉では、いくつかの交渉グループに分かれて問題が検討され、また、各国間の利害の微妙なバランスの上に合意が成り立っていることを考えれば、やむを得ないものと言わざるを得ない。

ところで、4つの附属書のうち、まず、附属書1Aには、物品の貿易に関する多角的協定として、以下の13の協定が含まれている。すなわち、「1994年の関税および貿易に関する一般協定」（General Agreement on Tariffs and Trade 1994, GATT 1994）、「農業に関する協定」（Agreement on Agriculture, AA）、「衛生植物検疫措置の適用に関する協定」（Agreement on the Application of Sanitary and Phytosanitary Measures, SPS協定）、「繊維および衣類に関する協定」（Agreement on Textiles and Clothing, ATC）、「貿易の技術的障害に関する協定」（Agreement on Technical Barriers to Trade, TBT協定）、「貿易に関連する投資措置に関する協定」（Agreement on Trade-Related Investment Measures, TRIMs協定）、「1994年の関税および貿易に関する一般協定第6条の実施に関する協定」（Agreement on Implementation of Article Ⅵ of the General Agreement on Tariffs and Trade 1994、アンチ・ダンピング協定）、

「1994年の関税および貿易に関する一般協定第7条の実施に関する協定」（Agreement on Implementation of Article Ⅶ of the General Agreement on Tariffs and Trade 1994、関税評価協定）、「船積み前検査に関する協定」（Agreement on Preshipment Inspection）、「原産地規則に関する協定」（Agreement on Rules of Origin）、「輸入許可手続に関する協定」（Agreement on Import Licensing Procedures、ライセンシング協定）、「補助金および相殺措置に関する協定」（Agreement on Subsidies and Countervailing Measures）、「セーフガードに関する協定」（Agreement on Safeguards, SG）である。

また、附属書1Bには、「サービスの貿易に関する一般協定」（General Agreement on Trade in Services, GATS）、附属書1Cには、「知的所有権の貿易関連の側面に関する協定」（Agreement on Trade-Related Aspects of Intellectual Property Rights, TRIPs協定）がそれぞれ含まれている。

さらに、附属書2では、「紛争解決に係る規則および手続に関する了解」（Understanding on Rules and Procedures governing the Settlement of Disputes, DSU）、附属書3では、貿易政策検討制度（Trade Policy Review Mechanism, TPRM）が含まれている。

最後に、附属書4では、複数国間貿易協定として、「民間航空機貿易に関する協定」（Agreement on Trade in Civil Aircraft）、「政府調達に関する協定」（Agreement Government Procurement）、「国際酪農品協定」（International Dairy Agreement、1997年末に終了）、「国際牛肉協定」（International Bovine Meat Agreement、1997年末に終了）が含まれており、WTO協定では、附属書1か

ら3について、すべてのWTO協定加盟国に受諾する義務を負わせているのに対して、附属書4は、複数国間貿易協定と呼んで区別し、その受諾も自由となっている[32]。

WTO協定は、1947年ガット（ガット1947）や東京ラウンド諸協定と比べると、次のような特徴がみられる。第一は、1947年ガットや東京ラウンド諸協定では対象となっていないサービスや知的所有権、貿易関連投資などのいわゆる新分野についてルールを策定していることである。

第二に、WTO協定を受諾することは、同協定の附属書1から3に含まれる17の協定のすべてを受諾することを意味し、自国に有利な協定には加盟するが、不利益な協定には加盟しないといういわゆる「つまみ食い」が許されなくなったことである。こうした原則を「シングル・アンダーテイキング」（single undertaking）、または「一括受諾」というが、これにより、1947年ガットおよび東京ラウンド諸協定に比べ、はるかに加盟国間の権利義務関係が明確かつ均一になった。

第三に、1947年ガットでは、暫定的適用に関する議定書または規定により、原加盟国や加入国は、自国の国内法とガットの規定が矛盾する場合には、自国の国内法を優先することができるようになっていたが、WTO協定における1994年ガットでは、各加盟国は、ガット第2部の規定に反する現行の国内法令を理由にガット上の義務を免れることはできなくなり、したがって、加盟国は、そうした国内法令をガットの規定に適合させなければならなくなった。

最後に、東京ラウンド諸協定では、加盟国が協定ごとに異なる

ため、協定ごとに紛争解決手続が設けられ、ガットの一般的な紛争解決手続と併存することとなっていたが、WTO協定では、WTO協定本体および附属書に掲げられる多角的貿易協定について統一的な紛争解決手続が作成されたことである。また、WTO協定に関する紛争について、WTO協定の紛争解決手続に従わず、一方的な措置をとってはならないことを明言していることも注目に値する。

② WTOの原則と理念

WTO協定に含まれる諸協定のうち、一般的に貿易ルールを定めるガット[33)]は、自由・多角・無差別貿易の実現を基本理念とし、そのために、まず、第1条において最恵国待遇の原則を定め、さらに、同原則を国内的に補完するものとして、第3条において内国民待遇の原則を定めている。さらに、ガットは、保護主義が自由貿易の拡大にとってきわめて重大な障害となることから、第11条において、保護主義のもっとも典型的な手段である数量制限を一般的に禁止し、ガットにおいて保護措置として唯一認められる関税についても、第28条の2において、これを可能な限り引き下げることを求めている。また、ガットは、「相互的かつ互恵的な」(reciprocal and mutually advantageous) 取極を締結するものとして、相互互恵主義を掲げ、さらに、第10条では、各国に貿易政策の内容と運用を公表・通知する義務を課し、数量制限などの非関税措置を可能な限り公表しなければならないとして、透明性の原則を掲げている。

とりわけ、最恵国待遇の原則および内国民待遇の原則について

第5章　TPPの意義とわが国への影響　189

は、前者が締約国自体の競争条件の均衡をはかろうとするものであるのに対して、後者は、輸入国における輸入品と国内産品との競争条件の均衡をはかろうとするものであり、後者は、前者を国内的な面から補完している。これらの原則は、無差別原則として、ガット・WTOのもとできわめて重要な原則となっている。

　また、数量制限の一般的禁止については、第11条において、「締約国は、他の締約国の領域の産品の輸入…又は…輸出…について、…関税その他の課徴金以外のいかなる禁止又は制限も新設し、又は維持してはならない」と規定し、輸出入に関する数量制限を一般的に禁止している。この規定は、数量制限を全般的に禁止する一方で、国内産業を保護する措置をとるには、関税措置によらなければならないものとし、同時に、貿易拡大の観点から、締約国間相互の交渉により、できる限り関税を引き下げるよう求めている。また、関税交渉の結果、関税が引き下げられ、あるいは据え置かれた品目（譲許品目）については、その品目名と関税率が各国別の譲許表に掲載され、各締約国は、この譲許表に定められた関税率以下の関税率で貿易を行わなければならないばかりでなく、譲許の効果を確保するため、関税交渉において譲許のなされた品目については、関税を引き上げ、輸入課徴金を新設するなどの譲許の変更は許されないものとなっている。

　しかし、他方で、ガットは、これらの原則に対して、さまざまな例外を設けている。これは、ガットのプラグマティズム、あるいは「理論と現実の乖離」としてしばしば指摘されるところであるが、実際の紛争事例でも、重要原則に対する例外規定をめぐって問題となることが多く、とくに、数量制限の一般的禁止に対す

る例外として、農水産品に関する輸出入制限（第11条2項(C)）[34]、一般的例外としての輸出入制限（第20条）[35]、ウェーバー条項にもとづく輸入制限[36]、セーフガード（緊急輸入制限）による輸入制限（第19条）[37]などが、これまでしばしば問題となってきた。

(2) WTOとFTA

① WTO協定におけるFTA

　ガット第1条1項は、WTO加盟国は、他の国からの輸入産品について与える待遇のなかでもっとも有利な条件を、他のすべてのWTO加盟国から輸入される同種の産品にも与えなければならないことを義務づけており、これにより、WTO加盟国は、他のWTO加盟国から第三国と差別されない権利を保障されている。しかし、この最恵国待遇の原則の例外として、第24条は、その第4項第1文において、「締約国は、任意の協定により、その協定の当事国間の経済の一層密接な統合を発展させて貿易の自由を増大することが望ましいことを認める」ものと定め、続いて、第2文において、「締約国は、また、関税同盟又は自由貿易地域の目的が、その構成領域間の貿易を容易にすることにあり、そのような領域と他の締約国との間の貿易に対する障害を引き上げることにはないことを認める」ものと規定している。さらに、第5項以下で、その要件について、次のように定めている。

　すなわち、①域外諸国との貿易に適用される関税同盟または自由貿易地域の関税その他の通商規則が、従前のそれより、高度または制限的であってはならないこと（第5項(a)および(b)）、

②関税その他の制限的通商規則を関税同盟または自由貿易地域の構成地域間の「実質上のすべての貿易」について廃止すること（第8項（a）（i）および（b））、③関税同盟または自由貿易地域設立のための中間協定を締結する場合には、「妥当な期間内に」その設立を完成しなければならないこと（第5項（c）、第7項（a）、（b）および（c））、である。そして、このような要件を担保するため、関税同盟または自由貿易地域の設定、そのための中間協定の締結を決定した締約国に対して、通告および情報提供を義務づけるとともに、締約国団に勧告する権限を付与し、一定の場合に勧告を義務づけている（第7項）。

ここに「関税同盟」とは、2つ以上の関税地域が集まって1つの各関税地域を構成し、各関税地域はその独立性を失って、域外国に対しては同一の関税その他の通商規則を適用するものであり[38]、他方、「自由貿易地域」は、2つ以上の関税地域がそれぞれ独立性を維持しながら、域外貿易に対しては、それぞれの独自の関税その他の関税規則を適用するものである[39]。両者とも、構成国相互間の貿易について、関税その他の制限的通商規則を廃止して自由化する点では同じであるが、対外関係に関してはまったく異なり、「関税同盟」の場合には、構成国で共通の関税や通商規則を適用するが、「自由貿易地域」の場合には、各国の関税やその他の規則を適用する。このことから、統合の度合いは、自由貿易地域より関税同盟のほうが高いものと考えられている。

関税同盟の規定は、ガット1947の起草当時、ベネルックス関税同盟程度の小規模なものを想定して規制することを意図して作成されたものであり、また、自由貿易地域の規定も、開発途上国

の経済発展のために、開発途上国間の特恵の新設をある程度認めることを想定していた。しかし、その後、国際情勢が大きく変化し、欧州石炭鉄鋼共同体、欧州経済共同体、欧州自由貿易地域、ECの拡大、北米自由貿易地域等、関税同盟や自由貿易地域が誕生し、さらに多くの締結交渉が行われている。これにともない、ガット第24条の役割は、当初の予想を遥かに超えて大きくなる一方で、その解釈をめぐっては、関税同盟や自由貿易地域の設立に関するガットの審査において、関税同盟や自由貿易地域の構成国と域外国との間で意見が対立し、合意が見られない状況が続いている[40]。

　この意見対立の背景には、関税同盟や自由貿易地域に関する基本的な考え方の違いにあるといわれる。すなわち、関税同盟および自由貿易地域のような経済統合を、域外国に対する貿易障壁を増大することにならなければ、構成国間の貿易の自由を拡大するものとして、本来的に好ましいものと考える見解と、経済統合は、結果的に域外国の犠牲のうえに立って構成国間の貿易の拡大を図るものであるから、まさに域外国に対する差別待遇を行う特恵待遇であり、最恵国待遇の例外と考えるべきであるとする見解である。

　前者の見解によれば、経済統合は、構成国間の貿易の自由化により、域内の自由競争を強化させ、その結果、構成国の生産性向上や域外への輸出競争力強化、さらには、域内の需要増加や域外国からの輸入増加をもたらし、世界貿易の拡大に貢献する。したがって、関税同盟や自由貿易地域などの経済統合は、たしかに域外諸国を差別扱いするものではあるが、このことは、すでにガッ

トにおいて承認されているものであり、第24条の解釈にあたっては、経済統合の形成を抑制しないように解釈しなければならないことになる[41]。

これに対して、後者の見解によれば、ガットの起草当時、国際協力を成立させるため、当時存在した特恵体制をある程度承認せざるを得なかったことを考えると、第24条は、貿易障壁の軽減と差別待遇の廃止というガットの基本理念と、現実の国際情勢との妥協の産物であり、したがって、第24条の規定は、最恵国待遇原則の例外であり、関税同盟や自由貿易地域の設立はできる限り慎重であるべきであって、たとえ認める場合でも、その弊害を最小限に留めるように運用しなければならない、とする[42]。

また、第24条第4項から第10項までの構成についても、上述のような関税同盟や自由貿易地域の設定に対する基本的な考え方の違いから、一般原則を定める第4項と、個々の要件を定める第5項から第9項との関係をどのように考えるべきかは、見解が分かれるところである。すなわち、第5項から第9項は、第4項の規定を具体的に表現したものであるから、第5項から第9項に定める要件を満たす関税同盟や自由貿易地域は、必然的に第4項の要件を満たすものと考えるか、それとも、第5項から第9項までの要件に加えて、第4項に規定する一般原則にも合致しなければならない、と考えるかで、見解が分かれることになる[43]。

いずれにしても、WTOは、加盟国に対して、最恵国待遇を付与して、特定国または特定国の産品に対して特別な取扱いを禁止する一方で、「締約国は、任意の協定により、その協定の当事国間の経済の一層密接な統合を発展させて貿易の自由を増大するこ

とが望ましい」44)との見地から、関税同盟および自由貿易地域を認めているが、骨抜きにならないよう、「妥当な期間内」に「実質上すべての貿易」の障壁を撤廃することを条件としている。しかし、これらの条件については、きわめて曖昧な表現となっているため、その解釈は、1994年にウルグアイ・ラウンド交渉の結果採択された「関税及び貿易に関する一般協定第24条の解釈に関する了解」において具体化され、「妥当な期間」については、協定の発効から10年以内とされ、また「実質上すべての貿易」については、貿易額を加重平均して算出されることになり、一般に、貿易額（輸入額）の90％とされている。

さらに、地域統合については、構成国はWTOに通報しなければならず、WTOが報告および勧告を行うことができるように情報を提供しなければならないものとされている45)。したがって、関税同盟や自由貿易地域、またはこれらの中間協定に参加する構成国は、その旨を直ちにWTOに通報しなければならず、ガットの整合性審査の結果を待って、協定を実施すべきとも理解できる文言となっている。しかし、実際には、WTOへの通報は、協定の発効後に行われることが多く、すでに実施されている地域貿易協定について、協定当事国を含むコンセンサス方式で審査を行っても実質的な審査は期待できないのが現状である。ガットの時代には、地域貿易協定ごとに作業部会が設置され、そのガット整合性について審議されてきたが、上述のように地域貿易協定の構成国と非構成国との間で、第24条の解釈をめぐって対立することが多かった。その後、地域貿易協定の増大にともない、審査の効率を図るため、1996年に地域貿易協定委員会（Committee on

Regional Trade Agreement, CRTA）が設置され、通報された地域貿易協定を統一的に審査することとなったが、これまで委員会による審査報告書は出されていない。

② FTA の概要とわが国の EPA

先に述べたように、WTO 設立協定により 1995 年 1 月に WTO が発足したが、1999 年 11 月に開催された第 3 回シアトル閣僚会議では、WTO の新たなラウンドの開始をめぐり、交渉対象分野や進め方などについて、先進国と途上国が激しく対立して、開始の合意がなされないまま失敗に終わった。その後、第 4 回のドーハ閣僚会議において、中国と台湾の WTO 加盟を承認するとともに、ようやく新ラウンド（正式名称「ドーハ開発アジェンダ」）の立ち上げが合意された。さらに、2003 年 9 月にメキシコのカンクンで開催された第 5 回閣僚会議では、多くの分野で各国の立場の相違を埋めることができず、交渉は決裂した。その後、再びラウンドを軌道に乗せようとする試みがなされたが、加盟国間での意見対立が激しく、そのほとんどが先送りされることとなった[46]。とりわけ、農業分野では、輸出国として市場開放を求める米国、先進国市場の開放を求める途上国、域内農業国の利益を確保しようとする EU、輸入国として国内農業の保護を重視する日本などの主張が激しく対立し、農業分野での交渉の難航がドーハ・ラウンドにおける交渉に大きな影響を与えている。さらに、2008 年に米国で発生したサブプライム問題の世界への波及は、保護主義への警戒感を増幅させ、自由貿易の意義を再確認させることとなったが、ドーハ・ラウンドでの包括的合意の可能性はほ

とんどないものと見られている。

　こうしたラウンドの行き詰まりは、その一因に、WTOの意思決定方法にあるといわれる。すなわち、WTOでは、閣僚会議と一般理事会は、ガット時代のコンセンサス方式を踏襲して、原則として伝統的なコンセンサス方式により意思決定を行うものとされる[47]。コンセンサスは、会議に出席する加盟国が1国でも反対しないときに成立することになっているが、出席する加盟国が拒否して、コンセンサスが成立しない場合には、表決手続がとられることになる。1995年にWTOが設立された当時、加盟国は128カ国であったが、現在160カ国[48]にまで増加したことに加えて、2000年代に入り、新興国の経済発展にともなって、その発言力が高まり、中国の加盟により、いっそう増大した。それまでの米・加・欧州・日本の主導から、先進国と新興国の対立へと様相が変わり、それにつれて、WTOでのコンセンサスの成立はかなり難しくなり、全加盟国の一括合意によるラウンドもかなり困難なものとなった。

　そこで、近年急速に注目を集めてきたのが、FTAである。わが国では、EPAという表現が用いられ、FTAが、「特定の国や地域の間で、物品の関税やサービス貿易の障壁等を削減・撤廃することを目的とする協定」とされるのに対して、EPAは、「貿易の自由化に加え、投資、人の移動、知的財産の保護や競争政策におけるルール作り、様々な分野での協力の要素等を含む、幅広い経済関係の強化を目的とする協定」と定義されている[49]。しかし、近年のFTAには、EPAに含まれる経済連携的な要素を含む協定も多く、実質的にFTAもEPAも違いがなくなってきて

いる。

　FTA は、締結国にとって、自国における関税や貿易障壁の撤廃・軽減による輸入品の価格が下がり、消費者の利益が高まる、あるいは、投資障壁の軽減・撤廃により外資系企業などが新規に参入し、国内市場・経済が活性化する、さらには、相手国で投資の障壁が軽減・軽減されれば、企業のビジネスチャンスが拡大する、などの利点が考えられ、二国間または複数国間の利害対立の少ない国や地域で交渉を行えば、交渉に要する時間も少なく、交渉過程も複雑にならずに済み、自由化の水準も WTO より高い水準で設定できるほか、WTO ルールの枠内であれば、自由化の除外品目を設定しやすい。他方、FTA は、締結国・地域における原産品の貿易であることを証明する手続が必須で、複雑で煩瑣な原産地証明の認定作業がかえって企業にとって大きな負担になる可能性がある。

　ところで、WTO に通報されている地域貿易協定（RTA）は、2015年1月8日現在、604協定[50]とされ、第2次世界大戦後、現存する FTA で最も古いものは、1956年発効のボツワナ・マラウイ貿易協定、次いで古いものが1960年発効の EFTA（欧州自由貿易連合）、関税同盟では、1958年発効の EEC（欧州経済共同体）が最初であるとされる。さらに、1970年代には、EEC が非加盟国である欧州諸国や地中海諸国と FTA を締結し、経済交流を活発化させたが、1980年代後半に入ると、東西冷戦の終結に向かう情勢から世界市場の拡大期待が増え、欧州諸国以外でも FTA が増加した。1990年代には、ソ連の崩壊、東西市場の統合による市場の拡大、他方で、ウルグアイ・ラウンドの長期化か

ら、主要国が近隣諸国と積極的にFTA締結の機運が高まることとなった。まず、1994年には、米国カナダFTAにメキシコを加えて、北米自由貿易協定（NAFTA）が誕生、欧州では、1993年にマーストリヒト条約によってEUが関税同盟として誕生した。中南米では、1995年には、ブラジル、アルゼンチン、ウルグアイ、パラグアイからなる南米南部共同市場（MERCOSUL, Mercado Común del Sur）[51]が関税同盟として設立、アジアでは、1993年に、ASEAN自由貿易地域（AFTA）のための共通効果特恵関税（CEPT）協定が発効した。

　2000年代に入ると、米国やEUは、積極的にFTA締結に動いていく中で、わが国も、2002年にシンガポールと初めてFTAを締結したのを皮切りに、メキシコ、マレーシア、チリ、タイ、インドネシア、ブルネイ、ASEAN、フィリピン、スイス、ベトナム、インド、ペルー、オーストラリア、モンゴルとFTA（EPA）を締結している。

　2010年代に入って、WTOラウンド交渉の停滞もあって、米国、EU、日本、中国などの貿易主要国は、WTOを最大限に活用しながらFTAを補完的に利用する戦略から、主要な貿易相手国とのFTA締結を最優先にする方針に転換した。これにより、TPP、RCEP（Regional Comprehensive Economic Partnership、東アジア地域包括的経済連携）、日EU・EPA、TTIP（Transatlantic Trade and Investment Partnership、環大西洋貿易投資パートナーシップ）、日中韓自由貿易協定の巨大地域経済統合または「メガFTA」といわれるものが出現することとなった。

結びにかえて
―TPP のわが国への影響―

　第2次世界大戦後、ガット・WTO のもとでの世界貿易の自由化は、モノ・サービス・財・人の越境を推し進め、グローバル化を浸透させてきたが、近年における巨大な地域経済統合の出現は、そうした現象にさらなる深化をもたらしていることは、「WTO と TPP」において言及したところである。このような、いわゆるグローバル化の拡大・浸透に伴って、わが国も EPA を推し進めてきたが、わが国は、中国、米国、EU 主要貿易国との EPA 交渉をあまり行わず、いわば「守りの EPA」[52]であったといわれる。すなわち、プラザ合意以降の円高に対応するため、日本の製造業は、ASEAN 諸国に部品の生産拠点を移し、そこで生産された部品は欧米諸国や日本などに輸出されたが、日本の EPA は、そのような日本企業の海外での生産活動を守り、あるいは他国間での EPA 締結のなかで苦境に置かれた日本製品を救う形で締結されたものである。

　ところで、わが国の EPA は、品目ベースでは、米国や EU の FTA に比べ低く[53]、また、貿易額ベースでは、相手国側よりも日本側の自由化率が低い傾向がみられる（図表 5.1 を参照）。そこには、農業産品の自由化率の低さが大きく影響しているとされ、農産品の市場開放度の低さが EPA 全体の自由化率を引き下げているものと考えられる。

　先にも述べたように、WTO は、ガット第 24 条において、地

図表 5.1

EPA 相手国		貿易額ベースの自由化率	品目ベースの自由化率
シンガポール	日本側	94.7%	84.4%
	相手国側	100.0%	
メキシコ	日本側	86.8%	86.0%
	相手国側	98.4%	
マレーシア	日本側	94.1%	86.8%
	相手国側	99.3%	
フィリピン	日本側	91.6%	88.4%
	相手国側	96.6%	
チリ	日本側	90.5%	86.5%
	相手国側	99.8%	
タイ	日本側	91.6%	87.2%
	相手国側	97.4%	
ブルネイ	日本側	99.99%	84.6%
	相手国側	99.9%	
インドネシア	日本側	93.2%	86.6%
	相手国側	89.7%	
ASEAN	日本側	93.2%	86.5%
ベトナム	日本側	94.9%	86.5%
	相手国側	87.7%	
スイス	日本側	99.3%	85.6%
	相手国側	99.7%	
インド	日本側	97.5%	86.4%
	相手国側	90.3%	
ペルー	日本側	99.7%	87.0%
	相手国側	99.9%	

出典：外務省経済局データ　http://www.mofa.go.jp/mofaj/gaiko/fta/pdfs/genjo_kadai.pdf から筆者が作成。品目ベースの自由化率は、10 年以内に関税撤廃を行う品目に占める割合を示す。

域貿易協定は、「妥当な期間」に「実質的にすべての貿易」の障壁を撤廃することが規定されており、協定発効から10年以内に貿易額の9割以上の関税の撤廃が目安となっている。したがって、ある特定の産業だけを抜き出して、あるいはある特定の産業を取り外して、自由化を行うことはできないし、また、WTOやガットがきわめて重視する加盟国間の譲許バランス維持の観点からも、自国の得意産業については、関税撤廃の積極姿勢を見せる一方、開放したくない産業については、消極姿勢を貫くのでは、貿易交渉の合意はほとんど期待できないことになる。

　わが国は、WTO交渉やEPA交渉においても、工業製品では、積極的な交渉姿勢を見せる反面、農産品に関する消極的な交渉姿勢からかなり保護主義的であると見られている。その原因の1つには、高関税での国内農業を保護しようとする政策があるといわれている。もっとも、わが国の鉱工業製品の平均関税率は、貿易加重平均で1.2％、単純平均で2.5％であり、米国やEUと比べても低く、電機や自動車などは、関税がゼロとなっている。他方、わが国の農産品については、平均関税率は、貿易加重平均で11.2％、単純平均で約23.3％であり、飛び抜けて高いというレベルではないが[54]、しかし、農業重要品目に偏った形で高い関税が設定されている。重要品目とは、WTO交渉では、「センシティブ品目」と呼ばれているもので、各国の農業にとってきわめて重要であり、関税撤廃等によって輸入が急増すれば、地域経済や食料の安定供給に大きな影響を及ぼす可能性のある品目のことである。どの農産物が重要品目にあたるかは、各国の農業の実情や食糧需給構造によるが、TPP交渉では、コメ、麦、乳製品、甘味

資源作物、牛肉・豚肉が、日本の農業重要5品目として関税撤廃の例外、すなわち「聖域」として位置づけられ、これらの重要5品目をすべて関税撤廃の例外とすると、全貿易品目のうち関税撤廃した品目の割合、すなわち自由化率は、93.5％にしか達せず、米国がモデルとする米国と韓国、オーストラリア、EUとのFTAの自由化率には遥かに及んでいない[55]。

農業保護の水準について、OECDは、PSE（Producer Support Estimate、生産者支持推定量）という指標を用いているが、これは、関税を含む価格管理による内外価格差×生産量＋財政支援額の合計により算出する農業保護度を測る国際的な指標であり、財政負担によって農家の所得を維持している「納税者負担」の部分と、国内価格と国際価格との差（内外価格差）に生産量をかけた「消費者負担」の部分との合計であり、PSE額の対農業粗生産額の比率が％PSE（農業保護率）といわれるものである。消費者負担の部分、すなわち関税による価格支持の割合は、ウルグアイ・ラウンド終結後の1988年には、米国41％、EU89％、日本92％であるのに対して、2012年には、米国20％、EU20％、日本86％であり、米国やEUは、価格支持から財政負担による直接支払いに移行しているのに対して、日本は、依然として関税による価格支持を中心にしており、国内価格が国際価格を大きく上回るため、高関税が必要となっている[56]。

このようなわが国における農業の高関税問題は、国際交渉のなかで日本の国際的な優位性を確保する障害となり、農業を高関税で保護する仕組みそのものを変えていくことが必要になっている。世界の農業保護は、関税などの国境措置ではなく、農家の所

得を補償する国内措置が主流になっているにもかかわらず、依然として、関税に依存した農業保護を続けてきた。このような関税に依存した農業保護政策を転換できない理由の1つに、農協などの農業団体の存在があるといわれている。

農協は、もともと第2次世界大戦後のGHQによる農地改革の一環として、食料を統制管理する、いわば上意下達の組織として設けられた。その後、農協は、自民党に票を与え、自民党は政府の予算増加に助力し、農協は米価や補助金などのメリットを受けるという関係が成立した[57]。さらに、政府が米の買い入れをおこなった食管制度の時代には、政治力を駆使して、政府に米価の引き上げを求め、食管制の廃止された今でも、政府による市場での米の買い入れを通じて、米価を支えている。また、農協は、銀行、生命保険、損害保険、農産物の販売、生活品の販売などきわめて広範な事業を行っており、損害保険業務や銀行業務では、有数の企業となっている。

戦後の農政は、農協等を通じて、生産を保護するために農産物の価格を高く設定し、その高価格を維持するために、高関税と輸入割当制の組み合わせにより、安い農産物の輸入を抑制してきた。さらに、これらにより得た関税収入を補助金の原資として、麦や砂糖などの特定農産物をいっそう手厚く保護してきた。しかしながら、先にも述べたように、農業の関税問題が交渉の障害となり、自由化交渉で日本が劣勢に立たされる状況を考えると、関税で農業を守る仕組みは限界に来ているといわれる。

高関税によらずに農業を保護するには、農家の所得を補償する「直接支払い制度」があるが、これは、国や自治体が農産物価格

への介入をやめて、農産物の価格形成を市場にゆだね、市場価格が下落し、農家の所得が減少した場合には、その減少分の一定割合を財政で補塡する制度である。米国は、農家に対する保証価格と市場価格との差を財政により補塡して、農家所得を維持しながら、消費者への安価な供給と国際競争力の確保を実現している。また、EUは、1992年に農政改革を行い、穀物の域内支持価格を引き下げ、財政による農家への直接支払いで補っている。

したがって、欧米では農業保護手段の主流となっている「直接支払い制度」を導入することによって、農業の関税問題はある程度解消するものと考えられるが、わが国でその導入の障害と考えられるのが、先に述べた農協の存在である。すなわち、直接支払い制度が導入されれば、コメなどの農産物価格が下落し、農産物の販売手数料が下落し、これを収入源とする農協の収益赤字が予想されること、直接支払いの対象農家が一定の規模以上の農家に限定されれば、それに満たない規模の農家の収益は減少し、離農せざるを得ないが、小規模農家が組合員に多い農協の組織基盤を揺るがしかねないこと、などから、農協にとって、直接支払い制度導入による構造改革には消極的である。

最初にも述べたところであるが、わが国における農業の構造改革を行うため、現在[58]、政府は、全国に約700ある地域農協を束ねてきたJA全中（全国農業協同組合中央会）の監査権を全廃し、解体する方針を固めている。地域農協を監査・指導する特別な権限を与えられた全中と、47都道府県にある農協中央会の制度を規定する農協法第3章の削除を柱とした同法改正案が、2015年1月下旬から始まる通常国会に提出される。これまで検討して

きたように、TPPは、WTO協定を土台に据えて、さらに、WTO協定には含まれていない分野までその中に取り込んで自由化を広げようとしている。わが国にとって、TPP交渉の問題は、農業問題ばかりではなく、サービスや投資など、実に多くの重要な項目を含んでいる。農業ばかりが、TPPではないとの批判もなされるが、少なくともわが国の農業にとって、第2次大戦後における農地改革以来の大きな農業の構造改革を迫るものであることには違いがない。

また、法的に見れば、TPPをはじめ、いまその主流になりつつあるFTAやメガFTAも、その内容は、WTO協定を踏まえたものであり、このことはWTOルールの枠内でFTAが成長していることを示すものである。WTOラウンドの停滞などから、WTOの意義に批判的見解が増えるなか、その意義は評価すべきであろう。

国際政治的に見れば、中国や韓国が参加せず、日米が中核となるTPP締結の動きと、他方、最近関心を呼んでいる中国を核として欧州諸国等が参加するAIIB(アジアインフラ投資銀行)設立の動きとの間の勢力争いが注目されるが、この関心は、別の分野に譲るとして、TPPの問題は、1つは、国際協定が加盟国の国内法制度に影響を与えていく過程が、国際経済法的問題であると同時に国内法的問題を有していること、2つは、戦後誕生したガット／WTO体制が、FTAという形で浸透してきていること、を示してくれる格好の法的事例である。TPPの問題は、まだ流動的であり、TPPに加わっていない国の動向も注視すべきであるが、紙幅の関係から、さらなる検討は、別の機会に譲ることにし

たい。

【注】

1) 本稿は、2014年12月6日に行った社会連携センター主催の公開講座「今、私たちに差し迫る問題を考える—法学研究科からの発信　シリーズ1—」第5回において、講義した内容をもとに加筆したものである。
2) 「包括的経済連携に関する基本方針」平成22年11月9日閣議決定、全文は、http://www.kantei.go.jp/jp/kakugikettei/2010/1109kihonhousin.html を参照。
3) シンガポールは、即時の全関税撤廃、ニュージーランドとブルネイは2015年、チリは2017年に全関税撤廃を約束している。
4) TPP「第20章 最終規定」第6条を参照。
5) オバマ大統領による2013年2月12日の一般教書演説について、THE WALL STREET JOURNAL 日本版（http://jp.wsj.com/articles）2013年2月13日を参照。
6) オバマ大統領2010年1月27日一般教書演説。
7) 外務省ホームページ http://www.mofa.go.jp/mofaj/gaiko/fta/ を参照。
8) ガット第24条は、地域貿易協定は、「妥当な期間」に「実質的にすべての貿易」の障壁を撤廃することを規定しており、協定発効から10年以内に貿易額の9割以上の関税の撤廃が目安となっている。
9) 渡邊頼純『TPP参加という決断』（ウェッジ、2011年）18頁を参照。以下、本稿では、「渡邊・TPP参加という決断」として引用する。
10) 渡邊・TPP参加という決断、18頁を参照。
11) 2015年3月1日執筆現在。
12) 環太平洋連帯構想は、PECC（太平洋経済協力会議）からAPECの首脳会議フォーラムとして実を結び、TPPへとつながることとなった。PECCおよびAPECの経緯については、星野三喜夫「『開かれた地域主義』と環太平洋連帯構想」（新潟産業大学経済学部紀要第39号27頁以下）37-41頁を参照。
13) 日・シンガポール経済連携協定、2002年1月13日署名、同年11月30日発効。

14) 首相官邸ホームページ「TPP（環太平洋パートナーシップ）協定交渉への参加」http://www.kantei.go.jp/jp/headline/tpp2013.html#tpp_001 を参照。
15) 本間正義『農業問題―TPP 後、農政はこう変わる―』（ちくま新書、2014 年）104-105 頁を参照。
16) P4 協定の原文については、ニュージーランド外務貿易省（New Zealand Ministry of Foreign Affairs & Trade）ホームページ http://www.mfat.govt.nz/downloads/trade-agreement/transpacific/main-agreement.pdf を参照。
17) 第 3 章第 4 条（Article 3.4）において、以下のように規定している。

Article 3.4: Elimination of Customs Duties

1. Except as otherwise provided in this Agreement, no Party may increase any existing customs duty, or adopt any customs duty, on an originating good.

2. Except as otherwise provided in this Agreement, and subject to a Party's Schedule as set out in Annex I, as at the date of entry into force of this Agreement each Party shall eliminate all customs duties on originating goods of another Party.

3. On the request of any Party, the Parties shall consult to consider accelerating the elimination of customs duties set out in their Schedules. An agreement between two or more of the Parties to accelerate the elimination of a customs duty on a good shall supersede any duty rate or staging category determined pursuant to their Schedules for such good when approved by each Party in accordance with Article 17.2 (Functions of the Commission). Any such acceleration shall be extended to all Parties.

18) 第 3 章第 8 条（Article 3.8）第 1 項において、以下のように規定している。

Article 3.8: Non-Tariff Measures

1. No Party shall adopt or maintain any non-tariff measures on the importation of any good of another Party or on the exportation of any

good destined for the territory of another Party except in accordance with its rights and obligations under the WTO Agreement or in accordance with other provisions of this Agreement.

19) 内国民待遇については、第3章第3条（Article 3.3）は、以下のように規定する。

Article 3.3: National Treatment

Each Party shall accord national treatment to the goods of the other Parties in accordance with Article III of GATT 1994. To this end, the provisions of Article III of GATT 1994 are incorporated into and shall form part of this Agreement, mutatis mutandis.

20) 第3章第10条（Article 3.10）は、以下のように規定する。

Article 3.10: Export Duties

No Party may adopt or maintain any duty, tax, or other charge on the export of any good to the territory of the other Parties, unless such duty, tax, or charge is adopted or maintained on any such good when destined for domestic consumption.

21) 第3章第11条（Article 3.11）は、以下のように規定する。

Article 3.11: Agricultural Export Subsidies

1. The Parties share the objective of the multilateral elimination of all forms of export subsidies for agricultural goods and shall cooperate in an effort to achieve such an agreement and prevent their reintroduction in any form.

2. Notwithstanding any other provisions of this Agreement, the Parties agree to eliminate, as of the date of entry into force of this Agreement, all forms of export subsidy for agricultural goods destined for the other Parties, and to prevent the reintroduction of such subsidies in any form.

22) 第12章第5条を参照。
23) 第12章第4条を参照。
24) 第12章第6条を参照。
25) 第12章第3条2項および第12章附属書Aを参照。

26) GATSでは、ビジネス・サービス、電気通信、建設およびエンジニアリング、流通、教育、環境サービス、金融サービス、健康サービス、観光および旅行、文化およびスポーツ、輸送、その他の12分野に分類し、さらに155業種に細分類している。詳細は、外務省ホームページ http://www.mofa.go.jp/mofaj/gaiko/wto/service/gats.html を参照。
27) 外務省ホームページ http://www.mofa.go.jp/mofaj/files/000022863.pdf を参照。
28) 第3章第4条（Article 3.4）を参照。
29) 国際労働機関駐日事務所ホームページ「労働における基本的原則及び権利に関するILO宣言とそのフォローアップ」http://www.ilo.org/tokyo/about-ilo/WCMS_246572/lang-ja/index.htm を参照。
30) 石川幸一・馬田啓一・木村福成・渡邊頼純編著『TPPと日本の決断―「決められない政治」からの脱却―』（文眞堂、2013年）104-106頁を参照。以下、本稿では、「石川・TPPと日本の決断」として引用する。
31) 「国際的調和型」、「相互承認型」、「透明性確保型」の3つの分類は、以下の書に依った。中川淳司「第6章　TPPの内容と特徴：日本への影響」（石川・TPPと日本の決断 所収）103-106頁を参照。
32) WTO協定の詳しい内容については、外務省経済局国際機関第一課編『解説WTO協定』（日本国際問題研究所、1996年）を参照。
33) 一般的に「ガット」と言う場合には、「1994年関税及び貿易に関する一般協定（ガット1994）」を指し、とくにWTO設立以前のガットを限定して指す場合には、「1947年関税及び貿易に関する一般協定（ガット1947）」という場合が多い。現在では、「ガット」は、法的に正確に言えば、「ガット1994（1994年ガット）」であるが、ガット1994は、ガット1947およびそれまでの議定書や決定などをそのまま取り込んでおり、「ガット1994」と「ガット1947」はほぼ同じものなので、本稿では、とくに区別せず、「ガット」として使うことにする。
34) ECチリ産リンゴ輸入制限事件（L/5047, BISD 27S/98）、米国カナダ産マグロ及びマグロ製品輸入制限事件（L/5198, BISD 29S/91）、日本農産物12品目輸入制限事件（L/6253,BISD 35S/163）など。

35) ガット第20条は、自由貿易の拡大というガットの目的とは異なる観点から認められているもので、公徳の保護、健康の保護、金銀の輸出入、法令遵守、刑務所労働の産品、国宝の保護、有限天然資源の保護、政府間商品協定上の義務、国内原料の価格安定計画による国内原料の輸出制限、供給不足産品の輸出規制に関して行われる輸出入の制限措置である。本条に関する事件として、カナダ未加工サケ・ニシン輸入制限（L/6268, BISD 35S/98）、米国キハダマグロ輸入制限事件（DS21/R, BISD 39S/155）、米国キハダマグロ輸入制限事件（DS29/R）などがある。
36) 米国農業調整法22条事件（L/6631, BISD 37S/228）
37) 米国毛皮フェルト帽子エスケープクローズ事件（GATT/CP/106）、米国綿・人造繊維下着輸入制限事件（WT/DS 24/R,WT/DS 24/AB/R）、米国毛織シャツ・ブラウス輸入制限事件（WT/DS33/R, WT/DS33/AB/R）、韓国乳製品輸入セーフガード措置事件（WT/DS98R, WT/DS98/AB/R）などがある。
38) ガット第24条第8項（a）を参照。
39) ガット第24条第8項（b）を参照。
40) 津久井茂充『ガットの全貌―コンメンタール・ガット―』（日本関税協会、1993年）658-659頁を参照。以下、本稿では「津久井・ガットの全貌」として引用する。中川淳司・清水章雄・平覚・間宮勇『国際経済法 第2版』（有斐閣、2012年）248-249頁および253頁を参照。
41) 津久井・ガットの全貌、658頁を参照。
42) 津久井・ガットの全貌、659頁を参照。
43) 1957年11月29日採択EEC協定審査報告（BISD 6S/70）を参照。
44) ガット第24条第4項を参照。
45) ガット第24条第7項（a）を参照。
46) WTO新ラウンド交渉の経緯については、渡邊頼純『GATT・WTO体制と日本』（北樹出版、2007年）147頁以下を参照。
47) WTO設立協定第9条第1項を参照。
48) 2014年6月26日現在。WTOホームページ https://www.wto.org/english/thewto_e/whatis_e/tif_e/org6_e.htm を参照。
49) 外務省ホームページ http://www.mofa.go.jp/mofaj/gaiko/fta/ を参照。

50) WTO ホームページによると、通報された地域貿易協定（RTA）は 604 協定、そのうち、ガット 47 年および 94 年に基づく協定が 422 協定、授権条項に基づくもの 39 協定、GATS に基づくものが 143 協定であり、これらのうち、398 協定が発効している。数値は、2015 年 1 月 8 日現在。https://www.wto.org/english/tratop_e/region_e/region_e.htm を参照。なお、発効している FTA のみの数は、266 協定（2014 年 11 月現在）。ジェトロホームページ http://www.jetro.go.jp/theme/wto-fta/reports/07001093 を参照。

51) 加盟国は、アルゼンチン、ボリビア、ブラジル、パラグアイ、ウルグアイ、ベネズエラ、準加盟国は、チリ、コロンビア、エクアドル、ガイアナ、ペルー、スリナム。

52) 渡邊・TPP 参加という決断、110-111 頁を参照。

53) 内閣官房 TPP 政府対策本部「TPP 協定交渉について」（平成 25 年 6 月）http://www.cas.go.jp/jp/tpp/pdf/2013/6/130617_tpp_setsumeikai_shiryou.pdf 参照。品目ベースの自由化率を米国、EU、中国でみると、ほぼ 100％から 95％に収まっているが、日本の場合には、本文中の表でも示すように、90％から 85％前後となっている。

54) 農林水産省大臣官房国際部貿易関税等チーム「我が国の農林水産物の関税制度について」http://www.maff.go.jp/j/kokusai/boueki/triff/pdf/kanzei-seido.pdf を参照。貿易加重平均および単純平均で、米国は、それぞれ 4.5％、5％、EU は、9.9％、13.9％、オーストラリアは、2.8％ 1.4％、中国 11.7％、15.6％、韓国は、93.3％、48.6％、タイは、12.3％、22％である。

55) 内閣官房 TPP 政府対策本部「TPP 協定交渉について」（平成 25 年 6 月）http://www.cas.go.jp/jp/tpp/pdf/2013/6/130617_tpp_setsumeikai_shiryou.pdf 参照。

56) OECD ホームページ http://stats.oecd.org/Index.aspx?QueryId=59249&lang=en を参照。山下一仁「TPP と農業再生」（日本国際経済法学会編『日本国際経済法学会年報』第 23 号 36 頁以下）40 頁を参照。

57) 石川幸一・馬場啓一・渡邊頼純編著『TPP 交渉の論点と日本―国益をめぐる攻防―』（文眞堂、2014 年）21 頁を参照。

58) 2015 年 3 月 1 日執筆現在。

《編者紹介》

本田	直志 (ほんだ・なおし)	関東学院大学法学部教授	国際経済法、経済法
田中	綾一 (たなか・りょういち)	関東学院大学法学部教授	国際金融論

《執筆者紹介》(五十音順)

出石	稔 (いずいし・みのる)	関東学院大学法学部教授	地方自治論、政策法務論
大原	利夫 (おおはら・としお)	関東学院大学法学部教授	社会保障法
高瀬	幹雄 (たかせ・みきお)	関東学院大学法学部教授	国際政治学
田中	綾一 (前出)		
本田	直志 (前出)		

今、私たちに差し迫る問題を考える
―関東学院大学大学院 法学研究科からの発信―

2015年11月10日　第1刷発行

編著者　本田直志
　　　　田中綾一

発行者　関東学院大学出版会
　　　　代表者　規矩大義
　　　　236-8501　横浜市金沢区六浦東一丁目50番1号
　　　　電話・(045)786-5906／FAX・(045)785-9572

発売所　丸善出版株式会社
　　　　101-0051　東京都千代田区神田神保町二丁目17番
　　　　電話・(03)3512-3256／FAX・(03)3512-3270

印刷／製本・藤原印刷株式会社

©2015　Naoshi Honda and Ryouichi Tanaka
ISBN 978-4-901734-60-8　C3032　　　　Printed in Japan